Todos Somos Escritores

Una guía paso a paso para autores en la era de la inteligencia artificial

por Luis Bernardo Vela Mendoza

I0401367

Disclaimer: Este libro ha sido escrito con el propósito de guiar y educar. Las recomendaciones aquí incluidas no garantizan resultados específicos. Las decisiones y acciones derivadas del contenido son responsabilidad del lector.

Dedicatoria

A mi amada esposa, cuyo amor y apoyo han sido la luz constante en cada paso de este camino. Gracias por creer en mí incluso en los momentos en que he dudado de mí mismo. Este sueño es nuestro.

Y a mis dos preciosas hijas, mi inspiración diaria. Ustedes me enseñan a ver el mundo con asombro y alegría, recordándome siempre el valor de perseguir lo que uno ama. Que este libro sea un legado de amor y esfuerzo, un recordatorio de que, con dedicación, todo es posible

Agradecimientos

Quiero expresar mi más profundo agradecimiento a todos aquellos que me han apoyado en la creación de este libro. A mi familia, por su paciencia y amor. A mis amigos y colegas, quienes me motivaron a seguir adelante, y a todos aquellos que creyeron en esta visión de hacer accesible el proceso de escribir y publicar. Este libro también es para ustedes.

Prefacio

Desde hace años, la idea de escribir un libro ha sido vista como un proyecto monumental, reservado para unos pocos. Hoy, gracias a las nuevas herramientas digitales, el sueño de convertirse en autor está al alcance de todos. *"Todos Somos Escritores"* nace del concepto Todos Somos Bestseller que viene de esta revolución, donde cada voz tiene un lugar y cada historia puede llegar a ser escuchada. Este libro es una guía paso a paso, llena de recursos y estrategias que te ayudarán a transformar tu idea en un libro publicado y exitoso. Espero que, a través de estas páginas, encuentres inspiración, herramientas útiles y la confianza para emprender tu propio camino como autor.

Introducción

Bienvenido a *"Todos Somos Escritores"*, un libro que tiene como misión ayudarte a descubrir que, con las herramientas adecuadas, cualquiera puede escribir, publicar y promocionar un libro exitoso. Aquí no solo aprenderás sobre los pasos prácticos para estructurar, escribir y publicar tu obra, sino también sobre cómo aprovechar la inteligencia artificial, el marketing digital y la tecnología para alcanzar tus metas. Cada capítulo está diseñado pensando en ti, el lector, y en cómo cada paso puede acercarte a tu objetivo de convertirte en un autor con impacto. Te invito a sumergirte en estas páginas con la mente abierta y la convicción de que puedes lograrlo. Este es tu momento, ¡y el mundo está listo para escuchar tu historia!

Tabla de Contenido

CAPÍTULO 1: LA REVOLUCIÓN DEL BESTSELLER DIGITAL

"Todos tenemos una historia que contar y un mensaje que compartir. En el pasado, el sueño de publicar un libro parecía inalcanzable para muchos, pero hoy, gracias a la tecnología y la autoedición, convertir una idea en un bestseller está al alcance de todos."

Imagínate si los autores de generaciones pasadas hubieran tenido las herramientas que hoy tienes a tu disposición. Lo que solía ser un camino lleno de obstáculos es ahora una carretera abierta y directa hacia la publicación. Este libro te guiará a través de cada paso, desde desarrollar tus ideas hasta convertirlas en un libro que realmente impacte. Hoy puedes compartir tu mensaje, sin depender de nadie más que de tu propia voluntad. Esa es la esencia de esta revolución: el poder de contar tu historia y tener éxito está completamente en tus manos.

"De Puertas Cerradas a Oportunidades Ilimitadas"

Hubo un tiempo en que los libros eran considerados un lujo y publicar uno era un privilegio al alcance de muy pocos. Los autores que deseaban compartir su voz, sus historias o sus conocimientos estaban a merced de grandes editoriales que, de forma muy selectiva, decidían quién tendría la oportunidad de ver su libro en las estanterías. Aquellos "gatekeepers" de la industria editorial se guiaban por criterios como la rentabilidad proyectada y la popularidad del tema, dejando de lado voces frescas y nuevas perspectivas.

Algunos de los autores más reconocidos de hoy en día, como J.K. Rowling y Stephen King, experimentaron rechazos por parte de múltiples editoriales antes de lograr publicar sus obras. Lo que hoy consideramos clásicos contemporáneos fueron en algún momento manuscritos que pasaron de mano en mano, rechazados, olvidados, y cuestionados. Para los escritores de aquel entonces, cada "no" significaba retrasar el sueño de compartir su trabajo, y muchas veces, la esperanza de publicar desaparecía con el tiempo.

Con el paso de los años, la industria comenzó a cambiar, pero fue la tecnología digital la que trajo consigo una verdadera transformación. Plataformas de autoedición como Amazon KDP,

Smashwords y Lulu hicieron posible que cualquier persona, sin importar su ubicación o recursos, pudiera publicar su libro y llegar a lectores de todo el mundo. Ya no era necesario obtener la aprobación de un editor ni invertir grandes cantidades de dinero para producir cientos de ejemplares físicos.

Esta democratización permitió que muchas voces antes ignoradas emergieran con fuerza. Autores independientes de todos los rincones del mundo comenzaron a publicar y compartir su conocimiento, sus historias y sus experiencias. La autoedición abrió las puertas a una nueva generación de creadores que, con el apoyo de herramientas digitales, podían controlar su propio destino como autores.

El Auge de la Autoedición

A medida que la autoedición fue ganando popularidad, surgieron plataformas que ofrecían a los autores todo lo necesario para gestionar y distribuir sus libros sin depender de terceros. En este nuevo modelo, cualquier persona puede escribir un libro, publicarlo en formato digital o en papel, y ponerlo a disposición de una audiencia global con tan solo unos pocos clics.

La autoedición tiene numerosas ventajas frente al modelo tradicional. Los autores pueden elegir su propio tema, definir su estilo, controlar el precio y recibir un porcentaje mucho mayor de las regalías. Hoy en día, hay escritores de diversos géneros y temáticas que han construido carreras exitosas gracias a la autoedición. Uno de los ejemplos más inspiradores es el de Andy Weir, autor de *The Martian*, quien autoeditó su libro antes de que se convirtiera en un éxito de ventas internacional y fuera adaptado al cine.

Comparación entre Publicación Tradicional y Autoedición:

• Control Creativo: La autoedición permite que cada autor controle su contenido, estilo y diseño.

- Costos: Mientras que la publicación tradicional puede requerir de grandes inversiones y regalías bajas, la autoedición tiene costos iniciales bajos y ofrece al autor un porcentaje mayor.
- Acceso al Mercado: Con la autoedición, el autor puede llegar directamente a su audiencia sin barreras de entrada.

Este cambio hizo posible que un autor independiente con una estrategia adecuada y una audiencia bien definida pueda alcanzar el éxito sin necesidad de una gran editorial detrás. Esto es lo que hace que todos, efectivamente, puedan aspirar a convertirse en bestseller.

El Concepto de "Todos Somos Bestseller"

Hoy en día, escribir un libro exitoso no se trata de suerte ni de contactos en la industria. Se trata de tener una buena idea, un mensaje claro, y una estrategia efectiva. El poder de los autores independientes radica en su capacidad para conectar directamente con los lectores, ofreciendo contenidos que responden a intereses específicos y audiencias nicho. Lo que antes se reservaba para un grupo selecto de autores es ahora una opción alcanzable para cualquier persona que esté dispuesta a invertir tiempo y dedicación.

Tú tienes el poder de convertirte en un autor bestseller, y no necesitas esperar a que nadie te "descubra". Hoy, ser un bestseller significa tener el conocimiento y las herramientas para presentar tu trabajo de la mejor manera posible, construir una conexión con tus lectores y utilizar estrategias de marketing digital para ganar visibilidad. Puedes llegar a tus lectores ideales directamente, a través de redes sociales, SEO, y marketing de contenido.

Este libro te mostrará cómo hacerlo, desde la concepción de la idea hasta la venta del primer ejemplar. La democratización del mundo editorial significa que ahora, con las herramientas adecuadas y una estrategia efectiva, todos somos bestseller.

La Revolución de la IA en el Proceso Creativo

La inteligencia artificial ha transformado completamente la forma en que los autores crean contenido. Herramientas como ChatGPT y Jasper permiten a los escritores generar ideas, organizar capítulos y superar bloqueos creativos. Ya no es necesario enfrentarse al "bloqueo del escritor" en soledad; la IA está ahí para aportar una visión diferente, para ayudar a estructurar y dar forma a esos pensamientos que muchas veces no sabemos cómo plasmar en palabras.

Imagina que estás escribiendo un capítulo y necesitas una idea fresca. Con solo escribir unas pocas palabras en una herramienta de IA, puedes obtener cientos de sugerencias que te ayudarán a visualizar el contenido desde nuevos ángulos. Estas herramientas también permiten revisar la gramática, el estilo, y el tono, haciendo que el proceso de edición sea mucho más rápido y menos costoso.

Las herramientas de IA no solo ayudan en la creación de contenido, sino también en el perfeccionamiento de la escritura. Con herramientas como Grammarly y ProWritingAid, los autores pueden asegurarse de que su trabajo sea claro y libre de errores, garantizando una experiencia de lectura agradable. Esto ayuda a los escritores novatos a alcanzar un nivel de calidad que antes solo se obtenía con la ayuda de editores profesionales.

Consejos Prácticos para el Uso de IA:

1. Usar IA para Inspiración y Estructura: Al inicio, utiliza la IA para definir el tema y estructura de cada capítulo.
2. No depender completamente de la IA: La autenticidad y la voz del autor siguen siendo esenciales. Asegúrate de revisar y personalizar el contenido generado.
3. Apoyarte en IA para Edición: Herramientas como Grammarly o Hemingway App mejoran el estilo, pero siempre

revisa manualmente para mantener tu tono.

Resumen:

Hoy, la IA nos permite explorar ideas, analizar datos, y generar contenido de una manera que hace solo unos años parecía imposible. Sin embargo, es el autor quien debe aportar el alma de cada palabra, asegurándose de que el mensaje sea auténtico y relevante. La IA es la herramienta que potencia el proceso creativo, pero la esencia de cada libro sigue estando en las manos del escritor.

"Tu Viaje para Convertirte en Bestseller Empieza Hoy"

La revolución digital y la inteligencia artificial han abierto un mundo de posibilidades en el que cualquiera puede ser autor. Pero, aunque las herramientas están a tu disposición, el éxito depende de tu dedicación, creatividad y compromiso con tu trabajo. En este libro, aprenderás no solo cómo utilizar estas herramientas, sino cómo sacarles el mayor provecho para alcanzar tus objetivos.

Si alguna vez has soñado con escribir un libro, hoy es el momento de hacer realidad ese sueño. El resto de este libro te guiará en el paso a paso que necesitas para crear, publicar y vender tu obra, abriendo las puertas para que tú también te conviertas en un bestseller.

Este es solo el comienzo. ¡Adelante, tu historia espera ser contada!

CAPÍTULO 2: ELEGIR Y DEFINIR LA IDEA DE TU LIBRO

"Todo gran libro comienza con una chispa de inspiración. Esa idea que no te abandona, esa sensación de que tienes algo importante que decir y de que el mundo necesita escucharlo."

Definir la Idea de tu Libro

Elegir la idea de un libro es como plantar una semilla. En esa pequeña idea se encuentra el potencial de algo grande, algo que puede crecer y transformarse en una obra que inspire, enseñe y conecte con los lectores. La pasión es el punto de partida, pero para que tu libro cobre vida y llegue a quienes lo necesitan, necesitas también un propósito claro, un nicho bien definido y una comprensión profunda de tu audiencia.

Aquí, en este capítulo, vamos a explorar cómo encontrar el tema perfecto para tu libro. No se trata solo de lo que deseas contar, sino de lo que los lectores desean leer. Piensa en este proceso como el acto de abrir una puerta hacia algo más grande, un espacio en el que tus conocimientos, experiencias y talentos pueden encontrar su lugar y brillar. Encontrar el tema adecuado es más que solo escribir: es crear algo que trascienda y genere un impacto.

Vamos a sumergirnos en herramientas y estrategias que te ayudarán a definir y pulir tu idea. Esta es la base de tu camino hacia el éxito, el primer paso para convertir esa chispa de inspiración en una obra terminada. ¡Comencemos a darle forma a ese sueño y hagamos que el mundo escuche tu voz!

Identificación de nicho y audiencia:

Al embarcarte en la aventura de escribir un libro, una de las decisiones más importantes que tomarás es el tema. La elección de un tema adecuado no solo dará forma a tu libro, sino que también determinará a quién atraerá y qué impacto tendrá. Encontrar el nicho y la audiencia adecuada es como descubrir un camino donde tu pasión y las necesidades de los lectores se encuentran. Este es el primer paso para crear una obra que no solo se venda, sino que resuene profundamente con quienes la lean.

Piensa en tus propias pasiones, conocimientos y experiencias. ¿Hay un tema que te emocione, algo sobre lo que puedas hablar durante horas? Si es así, estás en el camino correcto. Pero también es fundamental que consideres lo que busca el mercado. Pregúntate: *¿Hay personas interesadas en este tema? ¿A quiénes beneficiará mi libro?* Este enfoque te ayudará a encontrar un equilibrio entre lo que quieres escribir y lo que el mundo quiere leer.

Una forma efectiva de elegir un nicho con potencial es observar las tendencias actuales y pensar en qué temas están creciendo en popularidad, especialmente en plataformas de búsqueda y redes sociales. Recuerda, un nicho bien definido no significa que tengas que escribir para millones de personas. A veces, los libros que abordan temas específicos, que no siempre están en el mainstream, logran formar una audiencia leal. En lugar de tratar de gustarle a todos, concéntrate en conectarte profundamente con un grupo específico de personas.

Ejemplo: Supón que tienes un interés en la meditación, pero no quieres escribir simplemente un libro de meditación más. Si descubres que hay una comunidad interesada en "meditación para creativos" o "meditación para reducir el estrés en el trabajo", tienes un nicho específico con un problema claro que resolver. Es posible que no sea la audiencia más grande, pero sí una que valore profundamente el contenido que les aportas.

Recuerda: un buen libro ofrece algo único. Al identificar tu nicho y audiencia, estarás estableciendo el primer paso para escribir algo que deje huella.

Planteamiento del objetivo del libro:

Cada libro tiene una razón de ser. Para conectar con tus lectores, debes definir claramente cuál es el objetivo de tu libro. ¿Qué deseas que logren los lectores al terminar de leerlo? ¿Qué cambio esperas que experimenten o qué conocimiento deberían obtener? Esta claridad te guiará durante todo el proceso de escritura y le dará a tu obra una dirección sólida.

Algunos libros educan, otros inspiran, y algunos entretienen. No importa cuál sea tu enfoque, lo esencial es que el objetivo de tu libro esté definido desde el principio. Al responder a estas preguntas, puedes identificar el "por qué" detrás de tu libro:

• ¿Qué problema resuelve mi libro? Si tu libro está dirigido a un problema específico (por ejemplo, "cómo organizar tu tiempo para lograr más en menos"), debes tener en cuenta cómo este problema afecta a tu audiencia y cómo tu contenido los ayudará a superarlo.

• ¿Qué conocimiento único ofrezco? Tal vez tu experiencia personal o profesional te permite ofrecer una perspectiva que pocos tienen. Este conocimiento puede ayudar a tu audiencia a ver el mundo desde una nueva perspectiva o a aprender habilidades prácticas.

Piensa en los grandes libros que has leído. ¿Recuerdas cómo te hicieron sentir? ¿Recuerdas qué impacto tuvieron en tu vida? Eso es lo que debe transmitir tu libro: el deseo de cambiar algo en la vida de tus lectores, de inspirarlos, de enseñarles algo significativo.

Ejemplo: Imagina que deseas escribir un libro sobre productividad. Pregúntate, ¿quieres que el lector adquiera herramientas prácticas para organizar su tiempo, o deseas ofrecer una perspectiva emocional, que ayude a las personas a sentirse menos estresadas por el trabajo? Definir este objetivo te permite saber qué enfoque tomar y te ayudará a crear un contenido alineado con ese propósito, lo cual aumenta la satisfacción del lector.

Herramientas de investigación:

Una vez que tengas en mente el nicho y el objetivo de tu libro, es hora de investigar. La investigación es clave para asegurar que tu idea tenga demanda y que responda a temas relevantes y actuales.

Hoy en día, tienes al alcance herramientas digitales que hacen que este proceso sea sencillo, rápido y efectivo. A continuación, te comparto algunas de las herramientas más útiles para investigar y fortalecer tu idea:

1. **Google Trends:**

o   Esta herramienta de Google es ideal para descubrir qué temas están ganando popularidad. Al escribir una palabra clave relacionada con tu tema, puedes ver si el interés en ese tema ha crecido o disminuido con el tiempo. Además, Google Trends te ofrece información sobre qué regiones muestran más interés, lo que puede ser útil para ajustar el enfoque de tu libro. Si ves que tu tema ha tenido un crecimiento constante o tiene picos de interés, es una buena señal de que podrías atraer a muchos lectores.

2. **Redes Sociales:**

o   Plataformas como Instagram, TikTok y Twitter son ventanas abiertas hacia los intereses de la gente. Puedes buscar hashtags relacionados con tu tema para ver qué se está publicando y cómo responde la audiencia. Los comentarios y las publicaciones populares pueden darte una idea de las dudas, problemas o intereses más actuales de tu potencial audiencia.

o   También, observa a otros autores o creadores de contenido en tu nicho. Sus publicaciones y la interacción que reciben pueden darte pistas sobre los temas que resuenan más con los lectores.

3. **ChatGPT y Herramientas de IA:**

o   Herramientas de inteligencia artificial como ChatGPT pueden ayudarte a profundizar en temas y generar ideas adicionales. Por ejemplo, si tienes una idea general, puedes escribir en ChatGPT una pregunta como: *¿Qué preguntas tiene la gente sobre [tu tema]?* La IA puede generar preguntas comunes o aspectos que tal vez no habías considerado, ayudándote a profundizar en lo que tu audiencia podría querer saber.

o   Además, ChatGPT puede ayudarte a hacer lluvia de ideas sobre títulos, subtítulos, o incluso temas específicos dentro del mismo nicho, aportando más estructura y claridad a tu concepto.

4. Amazon y Goodreads:

o Revisa libros similares al que planeas escribir en Amazon o Goodreads. Observa los comentarios de los lectores en los libros que abordan temas parecidos. Esto te permitirá identificar qué les ha gustado, qué sienten que falta, y qué están buscando. Las reseñas son una mina de oro para descubrir áreas de mejora y oportunidades para añadir valor único.

5. Encuestas y Preguntas Directas:

o Si tienes una pequeña audiencia en redes sociales o en tu círculo de conocidos, puedes hacerles preguntas directamente. Crear una encuesta en Instagram, Twitter o enviar un formulario rápido puede ayudarte a obtener respuestas directas de personas interesadas en el tema. Las opiniones directas te ayudarán a entender las necesidades y los intereses de tu audiencia potencial.

Ejemplo: Imagina que tienes una idea para un libro sobre cómo mantener la motivación en tiempos difíciles. Con Google Trends descubres que términos como "motivación en pandemia" y "cómo superar obstáculos" están ganando popularidad. En redes sociales, notas que muchas personas están hablando sobre salud mental y bienestar. Luego, usando ChatGPT, preguntas qué temas específicos podrían interesar dentro de este campo, y la IA te sugiere abordar temas como "hábitos positivos" o "cómo crear una mentalidad de resiliencia". Al final, encuentras en las reseñas de Amazon comentarios que dicen: *"me gustaría que el libro tuviera más ejemplos prácticos"*. Todo esto te permite enriquecer tu idea inicial con elementos que sabes que conectarán con tus lectores.

Resumen

Con estas herramientas, podrás ajustar y perfeccionar tu idea inicial, asegurándote de que resuene con tu audiencia y de que esté en sintonía con las tendencias y temas de interés actuales. Al final, tendrás no solo una idea clara y relevante, sino una base sólida para crear un libro que responda a necesidades reales, que emocione y motive, y que invite a los lectores a querer aprender más.

CAPÍTULO 3: EL PAPEL DE LA INTELIGENCIA ARTIFICIAL EN LA CREACIÓN DE CONTENIDO

"Imagina tener un asistente que nunca se cansa, que está lleno de ideas y siempre listo para ayudarte a encontrar nuevas formas de expresar tus pensamientos. Hoy, la inteligencia artificial es ese aliado, y está al alcance de todos los que deseen convertir una idea en una obra.

Escribir un libro es una travesía llena de retos y momentos de creatividad inagotable. Con la inteligencia artificial (IA), esos momentos se vuelven más accesibles, y los retos se transforman en oportunidades para enriquecer el proceso creativo. La IA no solo ofrece respuestas, sino que impulsa a los escritores a ver más allá de lo evidente, a explorar ideas y estructurar el contenido de maneras que quizá no habrían imaginado.

Este capítulo es tu guía para aprovechar el poder de la IA en cada etapa de la escritura. Desde la chispa inicial de una idea hasta los toques finales de estilo, descubrirás cómo estas herramientas pueden ayudarte a crear contenido con propósito, coherencia y una voz auténtica. Si estás listo para darle a tu proceso creativo una ventaja única y elevar tu obra a otro nivel, ¡comencemos!

Generar ideas y sinopsis con IA:

Cada libro comienza con una idea, pero, ¿cómo sabes si es la idea correcta? Aquí es donde la IA se convierte en una herramienta increíble. Con solo escribir algunas palabras, la IA puede ofrecerte una variedad de conceptos y enfoques que quizás no habías considerado. Imagina que tienes en mente un tema amplio, como "superación personal". A través de preguntas y exploración en herramientas como ChatGPT, puedes descubrir enfoques específicos, como "superación para jóvenes emprendedores" o "cómo desarrollar una mentalidad resiliente en el trabajo".

Utiliza la IA para generar sinopsis iniciales. Al ingresar una idea general, la IA puede ayudarte a desarrollar una breve descripción de lo que podría tratar tu libro. La sinopsis no solo te ayuda a definir el enfoque, sino que también es una manera de ver si tu idea es lo suficientemente cautivadora para atraer a tus lectores potenciales. Repite este ejercicio con diferentes enfoques hasta que encuentres una idea que te inspire y tenga potencial de conexión.

Ejercicio Práctico: Prueba redactar en una herramienta de IA:

"Quiero escribir un libro sobre superación personal, ¿qué enfoques únicos podría considerar?" Observa cómo las ideas comienzan a tomar forma y experimenta con diferentes enfoques hasta encontrar uno que sientas que conecta con tu visión.

Herramientas de IA para estructuración y escritura:

La inteligencia artificial no solo te ayuda a crear ideas; también es un gran aliado cuando llega el momento de estructurar y dar forma al contenido. Herramientas como ChatGPT, Jasper, y otros generadores de contenido pueden ayudarte a esbozar los capítulos, sugerir títulos o subtítulos, y escribir secciones específicas. Estas herramientas te permiten trabajar de manera más rápida y efectiva, especialmente cuando tienes una idea clara, pero necesitas un impulso para convertirla en texto.

Supón que tienes un esquema básico de tu libro con temas principales para cada capítulo. Puedes utilizar la IA para profundizar en cada sección, solicitando, por ejemplo, "una introducción inspiradora para un capítulo sobre superación" o "sugerencias de subtítulos para un capítulo sobre inteligencia emocional". Esto no solo facilita la escritura, sino que también asegura que mantengas el enfoque y que cada capítulo tenga un propósito claro y específico.

Ejemplo en Acción: Imagina que estás escribiendo un capítulo sobre cómo gestionar el tiempo. Puedes pedirle a una IA como ChatGPT: *"Dame una lista de ideas para organizar el tiempo de manera efectiva en la vida profesional"*. La IA te devolverá ideas estructuradas que puedes adaptar y desarrollar a tu estilo, agregando siempre tu toque personal para mantener la autenticidad.

Mejores prácticas:

La IA es un recurso valioso, pero el toque final siempre debe ser tuyo. El contenido generado por la IA suele carecer de matices personales y de la autenticidad que conecta a los lectores con el autor. Por eso, editar el texto es esencial para asegurar que refleje tu voz y tu propósito. Aquí te comparto algunas mejores prácticas para hacer que el contenido generado sea más coherente, tenga una voz clara y esté alineado con tu estilo personal:

1.   **Revisa y Personaliza:** Cuando la IA te ofrece una respuesta o un fragmento de texto, revísalo con detenimiento. Asegúrate de que las palabras y el tono reflejen la personalidad y el mensaje que quieres transmitir. La IA es excelente para generar ideas y contenido preliminar, pero es la edición la que transforma esas palabras en algo auténtico.

2.   **Asegura la Coherencia del Texto:** Si has utilizado IA en diferentes partes de tu libro, verifica que el contenido fluya de manera uniforme. Revisa el ritmo y asegúrate de que cada capítulo esté alineado con el mensaje global del libro. A veces, el contenido generado puede tener saltos de tono, que pueden ajustarse con una edición cuidadosa.

3.   **Dale una Voz Única:** La voz es lo que distingue tu escritura de cualquier otra. Puede ser un tono profesional, motivador, relajado o reflexivo, pero debe ser único y constante a lo largo del libro. Puedes pedir a la IA que te sugiera ideas o conceptos, pero elige expresarlos con tus palabras y de una forma que resuene contigo. Es la voz del autor lo que crea la conexión genuina con los lectores.

4.   **Inyecta Emoción y Motivación:** Si estás escribiendo un libro para inspirar o educar, tus palabras deben ir más allá de la información. Añade emoción, motivación y ejemplos que reflejen tus experiencias personales o aquellas con las que el lector pueda identificarse. Recuerda que la IA proporciona una base, pero son tus vivencias y tu intención las que tocan el corazón del lector.

Ejemplo en Acción: Supón que la IA te sugiere una frase

introductoria como: *"Este libro es una guía práctica para mejorar tu vida"*. Tú puedes enriquecerla con tu estilo: *"Este libro es más que una guía; es un acompañante en el viaje de cada lector que anhela transformar su vida y construir una historia propia."* Este es el tipo de personalización que hace que el contenido se sienta auténtico y único.

Resumen

El papel de la IA en la creación de contenido no se trata de sustituir al autor, sino de potenciar su creatividad y darle las herramientas para construir algo genuino y poderoso. La IA puede ser la chispa inicial y la mano que guía, pero eres tú quien convierte esas ideas en una obra que se conecta con la audiencia, que inspira y transforma. Al aplicar estas técnicas y mejores prácticas, puedes lograr que cada palabra en tu libro tenga significado y deje una huella en el lector.

Recuerda: tienes al alcance herramientas que transforman la forma en que escribimos, pero el poder de tu historia y tu voz sigue siendo único. ¡Usa la IA como tu aliado y lleva tu proceso creativo al siguiente nivel!

CAPÍTULO 4: ESTRUCTURACIÓN DEL LIBRO Y CREACIÓN DE CAPÍTULOS

"Un buen libro es como una conversación bien llevada: te lleva de un pensamiento a otro sin esfuerzo, construyendo un mensaje claro y un sentimiento de conexión que te acompaña hasta el final."

La estructura de un libro es su esqueleto, la base sobre la cual cada idea y cada capítulo cobra vida. Cuando un lector abre tu libro, espera un viaje, y como autor, tu misión es guiarlo a través de ese viaje de una manera fluida y significativa. Este capítulo te mostrará cómo diseñar una estructura que no solo permita a tus ideas brillar, sino que también ofrezca una experiencia agradable y coherente para el lector. Desde el orden de los capítulos hasta las técnicas para sincronizar los temas, aprenderás a darle a tu libro una estructura sólida y atractiva que atrapará a los lectores desde la primera hasta la última página.

Desarrollo de una estructura lógica:

La estructura es esencial para crear un libro que realmente llegue al corazón de los lectores. Cuando planificas la estructura, no solo organizas las ideas; también decides cómo deseas que el lector se conecte emocionalmente con el contenido. Piensa en tu libro como un mapa que guía al lector desde el descubrimiento inicial de la introducción hasta el cierre, donde se llevan una transformación o un conocimiento que desean aplicar.

Para lograr esto, empieza pensando en el arco narrativo de tu libro:

1.   **Introducción:** Presenta el propósito y la promesa de lo que el lector aprenderá o experimentará al leer tu libro. Esto establece la expectativa y permite que el lector se sienta motivado desde el principio.

2.   **Desarrollo de temas centrales:** Cada capítulo debe tener un propósito claro que contribuya al objetivo general del libro. Escribe un esquema donde cada capítulo sea un pilar, y asegúrate de que cada uno se construya sobre los temas explorados previamente.

3.   **Cierre significativo:** El final debe ofrecer una conclusión o un llamado a la acción. Es la parte en la que el lector siente que ha llegado a un destino, habiendo adquirido

el conocimiento o la inspiración que esperaba al iniciar el viaje.

Al planificar la estructura, mantén siempre en mente el enfoque en el lector. Pregúntate en cada capítulo: *¿Qué quiero que el lector entienda aquí? ¿Cómo se conecta esto con lo que ya leyó y con lo que leerá después?* Así, tu libro se convierte en una experiencia continua, en la que cada página aporta algo significativo al mensaje completo.

Ejemplo Práctico: Imagina que estás escribiendo un libro sobre cómo gestionar el estrés. Podrías organizarlo comenzando por el entendimiento del estrés, seguido de métodos para identificar los factores desencadenantes y, finalmente, técnicas prácticas para reducirlo. De este modo, el lector sigue un proceso lógico, avanzando desde la teoría hasta la aplicación práctica.

Sincronización entre capítulos:

Uno de los desafíos en la escritura es lograr que los capítulos fluyan de manera natural. Cada capítulo debe sentirse como una continuación lógica del anterior, manteniendo un ritmo que le permita al lector conectar cada tema sin confusión. Aquí tienes algunas técnicas para lograrlo:

1. **Resumen breve al inicio de cada capítulo:** Puedes empezar cada capítulo con una frase o párrafo que recuerde al lector lo que aprendió previamente y anticipe el tema que abordará el nuevo capítulo. Esto permite una transición suave y evita que el lector se sienta perdido.

2. **Preguntas guía:** Al final de cada capítulo, puedes añadir una pregunta reflexiva que conecte con el próximo tema. Por ejemplo, si un capítulo sobre creatividad termina con la pregunta "¿Qué bloquea tu inspiración?", el siguiente podría centrarse en eliminar esos bloqueos.

3. **Historias y ejemplos continuos:** Usar historias o ejemplos que se desarrollen a lo largo de varios capítulos

permite que el lector vea una evolución en el contenido. Este recurso crea un hilo conductor que engancha y da cohesión al mensaje del libro.

Ejemplo en Acción: Supón que estás escribiendo sobre superación personal. Puedes comenzar un capítulo sobre motivación y, al final, introducir el tema de autodisciplina, mencionando cómo ambos conceptos están conectados. Así, el lector estará listo para el siguiente capítulo y entenderá el contexto de por qué es importante desarrollar ambos aspectos.

Herramientas de edición y revisión:

La edición y revisión son etapas cruciales para garantizar que tu libro tenga coherencia, claridad y fluidez. Afortunadamente, existen herramientas de inteligencia artificial que pueden ayudarte a pulir cada detalle y a mantener la calidad en cada página.

1.   **Grammarly:**

o   Grammarly es una herramienta de revisión y edición que no solo corrige errores gramaticales, sino que también ofrece sugerencias para mejorar el estilo, el tono y la claridad del texto. Puedes utilizarla para asegurarte de que cada capítulo tenga un lenguaje accesible y que esté alineado con la voz que deseas mantener en todo el libro.

2.   **ProWritingAid:**

o   ProWritingAid es una herramienta avanzada que, además de ofrecer correcciones gramaticales, proporciona un análisis exhaustivo de tu escritura, incluyendo coherencia, repetición de palabras, y sugerencias para mejorar la estructura. Esta herramienta es ideal si deseas profundizar en el estilo y la cohesión general del texto.

3.   **Hemingway Editor:**

o   Si deseas mantener un estilo claro y directo, Hemingway Editor es una excelente opción. Te ayuda a eliminar frases complejas, palabras innecesarias y construcciones difíciles de entender, lo que hace que el texto sea más fluido y accesible para el lector.

4.   **Técnicas de edición con IA:**

o   Puedes utilizar herramientas como ChatGPT para obtener sugerencias sobre cómo mejorar secciones específicas, sin perder la coherencia. Por ejemplo, si deseas reestructurar una introducción o añadir claridad a una conclusión, ChatGPT puede ofrecerte ideas que luego puedes adaptar a tu estilo.

Mejor Práctica: Revisa cada capítulo individualmente y luego léelos en conjunto para asegurarte de que mantienen el mismo tono, fluidez y calidad en todo el libro. Además, cuando hayas terminado la revisión digital, realiza una lectura en papel para identificar cualquier error o incoherencia que pueda haberse pasado por alto en la pantalla. Este paso te ayudará a pulir el contenido hasta el más mínimo detalle, asegurando una experiencia agradable para el lector.

Resumen

Crear un libro bien estructurado y cohesivo no es solo una técnica de escritura; es un acto de empatía con el lector. Cuando planificas el flujo, sincronizas los capítulos y revisas cuidadosamente el contenido, estás construyendo un puente entre tus ideas y el corazón del lector. Recuerda: la estructura de tu libro es lo que hará que tu mensaje llegue con claridad y propósito, guiando al lector en una travesía que lo enriquezca y lo inspire.

Ahora, con estas herramientas y técnicas a tu disposición, estás listo para crear un libro en el que cada capítulo fluya con naturalidad y profundidad, un libro que no solo informe, sino que también invite a los lectores a reflexionar, conectarse y regresar a sus páginas una y otra vez.

CAPÍTULO 5: ESCRIBIR CON PROPÓSITO - MANTENER EL ENFOQUE DEL LECTOR

"Escribir no es solo poner palabras en una página; es ofrecerle al lector un viaje, una experiencia que lo invite a descubrir, reflexionar y sentir."

Como autor, tu propósito no se limita a transmitir información o narrar una historia; se trata de conectar profundamente con el lector. Un libro escrito con propósito tiene el poder de hacer que el lector sienta que cada palabra, cada párrafo, y cada página está ahí para guiarlo, desafiarlo o inspirarlo. Este capítulo te proporcionará las herramientas para que tu escritura sea clara, atractiva y, sobre todo, significativa para el lector. Escribir con propósito es tener siempre presente la experiencia de quien está del otro lado de la página. Vamos a explorar cómo puedes capturar esa atención y, aún más importante, mantenerla.

Estrategias de storytelling:

El storytelling es mucho más que contar una historia; es un arte. Dominarlo te permite no solo transmitir información, sino hacer que el lector se sienta parte de ella. Ya sea que estés escribiendo una novela, un libro de no ficción o un manual, el storytelling es fundamental para captar y mantener la atención del lector. Aquí tienes algunas estrategias para lograrlo:

1.   **Comienza con un Hook Poderoso:**
o   La primera frase o párrafo es crucial. Atrapar al lector desde el principio no solo despierta su interés, sino que establece un tono atractivo que invita a seguir leyendo. Un hook efectivo puede ser una pregunta provocadora, una anécdota sorprendente o una afirmación que desafíe al lector a pensar.
o   Ejemplo de Hook: Si escribes un libro de desarrollo personal, podrías empezar con algo como: "¿Cuántas veces has sentido que el tiempo te pasa de largo mientras tus sueños esperan?". Esta pregunta invita al lector a reflexionar, estableciendo de inmediato una conexión emocional.

2.   **Utiliza Ejemplos y Anécdotas:**
o   Los ejemplos específicos y las anécdotas permiten al lector visualizar mejor lo que estás explicando y relacionarse más fácilmente con el contenido. Una historia bien elegida puede hacer que un concepto abstracto cobre vida, permitiendo que el lector se

sienta reflejado o inspirado por la situación.

o   Ejemplo: Si estás hablando de la importancia de la resiliencia, cuenta una anécdota breve sobre alguien que superó una gran dificultad, destacando los elementos clave de su perseverancia.

3.   Haz Preguntas Reflexivas:

o   Invitar al lector a reflexionar a través de preguntas mantiene su interés y lo involucra activamente. Estas preguntas funcionan como pequeñas pausas que le permiten a quien lee conectar el contenido con su propia vida o perspectiva.

o   Ejemplo: "¿Cuántas veces has dudado de tus habilidades por miedo al qué dirán?" Esta pregunta puede llevar al lector a reflexionar sobre experiencias personales, creando una conexión directa con el tema.

4.   Inyecta Emoción y Autenticidad:

o   La autenticidad es la clave para que el lector sienta que está en una conversación genuina. No temas mostrar vulnerabilidad o compartir tus propias experiencias y aprendizajes. La emoción en tu escritura debe sentirse real y cercana, como si el lector estuviera escuchando a un amigo confiable.

o   Ejemplo: "Recuerdo la primera vez que dudé de mí mismo al enfrentar un proyecto desafiante. Me sentía paralizado, pero entendí que el miedo es parte del proceso." Este tipo de confesión hace que el lector se sienta acompañado y entendido.

Usar IA para refinamiento de estilo y claridad:

Una vez que tienes una estructura clara y las ideas están en su lugar, llega el momento de pulir el contenido para que sea claro, directo y atractivo. La inteligencia artificial es una herramienta poderosa en esta fase, ya que te permite mejorar la claridad de tu estilo, organizar ideas y ajustar el tono sin perder autenticidad. Aquí te explico cómo hacerlo:

1.   **Claridad de Ideas y Concisión:**

o   Herramientas como ChatGPT, Grammarly o Hemingway App pueden ayudarte a identificar frases redundantes o poco claras. Simplificar la redacción para hacerla accesible garantiza que el lector comprenda fácilmente el mensaje sin esfuerzo. Estas herramientas también pueden ayudarte a evitar palabras o frases complicadas que puedan confundir al lector.

o   Ejemplo Práctico: Si has escrito un párrafo denso sobre la importancia de la disciplina, puedes pedirle a ChatGPT que te sugiera una versión simplificada o más clara. La IA puede ayudarte a hacer que las ideas complejas sean comprensibles sin sacrificar el mensaje.

2.   **Ajuste de Tono y Estilo:**

o   A veces, el contenido técnico o informativo puede sentirse distante o demasiado formal. Herramientas como Grammarly ofrecen sugerencias para adaptar el tono y hacerlo más cercano o accesible. Si quieres que el tono de tu libro sea motivador y empático, puedes probar difer

o   entes sugerencias de IA hasta encontrar una versión que mantenga la seriedad sin perder conexión.

o   Ejemplo: Si una sección suena demasiado académica, puedes pedir a la IA que te sugiera un estilo más "conversacional". Esto facilita la lectura y permite que el lector sienta que le hablas directamente.

3.   **Revisión de Consistencia y Fluidez:**

o   La consistencia es fundamental en un libro. Si has utilizado IA en diferentes capítulos o secciones, realiza una revisión final para asegurarte de que el tono y el estilo sean coherentes. Herramientas como ProWritingAid permiten revisar todo el manuscrito en busca de variaciones de estilo o frases que rompan con la fluidez del texto.

o   Consejo Práctico: Una vez que termines de editar con IA, imprime algunas páginas clave y léelas en voz alta. Esto te permitirá identificar cualquier frase que no suene natural o que necesite un ajuste.

4. **Optimización para una Lectura Fluida:**

○ La IA es especialmente útil para mejorar la estructura de frases y párrafos, haciendo que el contenido sea más fácil de leer. Al escribir para un público amplio, es esencial que las ideas fluyan y que el lector no se detenga debido a construcciones complejas. Si alguna parte de tu libro resulta enredada o poco clara, la IA puede sugerir una organización más clara.

○ Ejemplo en Acción: Supón que tienes un párrafo que contiene varios puntos. Puedes utilizar herramientas de IA para que te sugieran dividir el contenido en listas o puntos, facilitando la lectura y manteniendo el enfoque del lector.

Resumen

Escribir con propósito significa siempre recordar a quién le estás hablando. Cada palabra que elijas y cada historia que cuentes debe tener un significado y un objetivo claro para quien tiene el libro entre manos. Al integrar estrategias de storytelling, puedes capturar la atención del lector y mantenerla en cada página, mientras que las herramientas de IA te ayudan a pulir ese contenido hasta alcanzar el máximo nivel de claridad y coherencia.

Este capítulo es una invitación a escribir desde el corazón, con la mente siempre puesta en el lector y con la confianza de que cada capítulo, frase y palabra tiene el poder de impactar. No olvides que escribir es un acto de generosidad: es compartir tus experiencias, tus aprendizajes y tu visión con aquellos que buscan inspiración y guía en tus páginas.

Al avanzar en el proceso de escribir tu libro, recuerda que la inteligencia artificial está aquí para potenciar tu talento y tu voz, ayudándote a crear una obra que mantenga la atención y que resuene profundamente con cada lector. ¡Vamos a escribir una historia que inspire y deje huella!

CAPÍTULO 6: EDICIÓN Y REVISIÓN DEL LIBRO

"Escribir un libro es la primera mitad del viaje; la segunda es pulir cada frase, cada palabra, hasta que brille con claridad y propósito. La edición es donde una buena historia se convierte en una obra inolvidable.

Tu historia está escrita, tus ideas están plasmadas y ahora es momento de dar el siguiente paso: perfeccionar el texto. La edición y revisión son procesos que requieren paciencia y dedicación. Si escribir es el acto de crear, la edición es el de pulir, ajustar y realzar esa creación para que se convierta en algo que el lector disfrute y recuerde. En este capítulo, vamos a recorrer juntos las técnicas y herramientas que harán que tu texto sea claro, coherente y tan poderoso como lo imaginaste al comenzar. Veremos desde técnicas de autoedición hasta el uso de inteligencia artificial y la ayuda de editores profesionales. ¡Vamos a afinar cada detalle de tu libro!

Autoedición: Técnicas para realizar una revisión básica del texto.

La autoedición es el primer paso en la revisión de tu libro. Al ser el autor, tienes una visión completa de la intención detrás de cada palabra, lo cual te permite ser el primer juez de tu propia obra. Aquí tienes algunas técnicas para llevar a cabo una autoedición efectiva:

1. **Descansa y Revisa con una Mente Fresca:**
o   Después de escribir, toma un descanso y vuelve a tu texto con una mente renovada. Esta pausa te permitirá ver los errores y las mejoras con mayor claridad. Puedes descubrir que algunas frases necesitan más claridad o que ciertos párrafos pueden reorganizarse para mejorar el flujo.

2. **Lee en Voz Alta:**
o   Leer en voz alta es una técnica simple pero poderosa para identificar frases incómodas, palabras repetitivas o errores de tono. Al escuchar el ritmo de tu propia escritura, notarás si alguna parte suena artificial o no se ajusta al estilo del resto del libro. Este ejercicio te ayuda a ver el texto desde la perspectiva del lector.

3. **Haz una Edición en Dos Fases: Contenido y Estilo:**
o   En la primera fase, enfócate en el contenido, asegurándote de que cada capítulo tenga un propósito claro y que el texto fluya

lógicamente. En la segunda, trabaja en el estilo, puliendo la prosa, eliminando palabras innecesarias y asegurándote de que cada frase sea precisa y clara.

4. **Haz Uso de Listas de Verificación:**

o Crea una lista de verificación para guiarte en la revisión, incluyendo aspectos como: ¿Es cada frase clara? ¿El tono es consistente? ¿Existen repeticiones que puedan eliminarse? Esta lista te asegura que no pases por alto detalles importantes en la autoedición.

Ejemplo Práctico: Si tienes un capítulo sobre "la importancia de la disciplina", revisa cada párrafo preguntándote: *¿Este contenido aporta valor o es repetitivo?* Este ejercicio te ayudará a recortar las partes innecesarias y mantener el mensaje claro y directo.

Editores y revisión profesional:

Hay un punto en la revisión en el que es recomendable buscar la ayuda de un editor profesional. Aunque la autoedición te permite perfeccionar el contenido, un editor externo aportará una perspectiva fresca, experiencia y conocimientos técnicos que pueden llevar tu libro al siguiente nivel. Aquí tienes algunas razones y momentos en los que considerar la ayuda de un editor:

1. **Cuando Necesitas una Revisión Profunda de Estilo y Consistencia:**

o Un editor de estilo puede ayudarte a mantener una voz clara y un tono constante a lo largo del libro. Este tipo de edición también garantiza que cada sección fluya de manera natural, guiando al lector sin interrupciones. Los editores de estilo pueden detectar puntos ciegos en el texto que tal vez pasaste por alto.

2. **Corrección de Errores Gramaticales y Ortográficos:**

o Un corrector profesional se encargará de la última revisión para corregir detalles de gramática, ortografía y puntuación. Este paso asegura que el libro esté libre de errores que puedan distraer al lector o afectar la percepción profesional de la obra.

3. **Cuando Necesitas Optimizar la Estructura:**

o   Algunos editores ayudan a reorganizar y ajustar capítulos o secciones, de manera que el flujo del libro sea más lógico y atractivo. Si has escrito un manuscrito extenso y complejo, un editor puede ayudarte a estructurar y priorizar la información de modo que el mensaje sea claro y conciso.

Consejo Práctico: Si decides contratar un editor, investiga su experiencia y revisa muestras de su trabajo anterior. Comunícale claramente cuál es el propósito de tu libro y el tono que deseas mantener para que la edición esté alineada con tu visión.

Uso de IA en la edición:

Las herramientas de inteligencia artificial pueden ser excelentes aliadas en la fase de edición. Utilizar IA en este proceso no solo permite detectar errores y mejorar la claridad, sino que también ahorra tiempo y ayuda a mantener un nivel de calidad profesional en el manuscrito. Aquí tienes algunas formas en que la IA puede ayudarte a perfeccionar tu obra:

1.   **Corrección Gramatical y Ortográfica:**
o   Herramientas como Grammarly y ProWritingAid ofrecen corrección gramatical y ortográfica automática, sugiriendo alternativas que mejoran la precisión del texto. Estas herramientas son especialmente útiles en la primera revisión, cuando deseas pulir los errores básicos sin perder tiempo en detalles.

2.   **Análisis de Estilo y Tono:**
o   Grammarly, por ejemplo, permite ajustar el estilo y tono según el objetivo de tu libro. Puedes indicar que deseas que el tono sea "amigable" o "profesional", y la IA te sugerirá modificaciones para que el texto esté alineado con esa voz. Esto te ayuda a mantener un estilo uniforme y atractivo.

3.   **Claridad y Concisión con Hemingway Editor:**
o   Hemingway Editor es ideal para simplificar el texto y mejorar su claridad. Resalta frases complejas y palabras difíciles, y sugiere simplificaciones. Esta herramienta es especialmente útil si

deseas que el contenido sea accesible y fácil de leer.

4.   Consistencia y Revisión Global con ProWritingAid:

o   ProWritingAid ofrece reportes detallados sobre la consistencia en el uso de términos, detecta frases repetitivas, y sugiere mejoras en la estructura general del manuscrito. Utilizar una revisión global con ProWritingAid puede ayudarte a detectar patrones que quizás pasaste por alto, garantizando una experiencia de lectura fluida.

Consejo Práctico: Utiliza las sugerencias de la IA como guías, pero siempre revisa manualmente para mantener la autenticidad de tu voz. La IA es una herramienta poderosa, pero el toque final de cada frase debe reflejar tu intención y estilo personal.

Resumen:

La edición y revisión de un libro es la fase en la que tu obra cobra forma definitiva. Este proceso de pulir, ajustar y perfeccionar es fundamental para que el mensaje que has trabajado tanto en construir llegue con claridad y sin obstáculos a tu lector. La combinación de autoedición, revisión profesional e inteligencia artificial te permite asegurarte de que tu obra no solo esté libre de errores, sino que también sea coherente, impactante y fácil de leer.

Cada palabra revisada, cada frase ajustada, y cada corrección realizada es un acto de respeto hacia el lector, quien apreciará la claridad y el cuidado con el que presentas tu trabajo.

CAPÍTULO 7: DISEÑO DE PORTADA Y FORMATO

"El primer contacto que tiene un lector con tu libro es visual. La portada es la puerta de entrada, y una buena portada es una invitación que nadie quiere rechazar."

La portada y el formato de un libro son como la vestimenta de una historia; es lo que da la primera impresión y lo que invita al lector a quedarse. Una portada bien diseñada puede atraer, intrigar y comunicar el mensaje de tu libro antes de que alguien lea una sola palabra. Además, un formato adecuado asegura que la lectura sea agradable y sin interrupciones. En este capítulo, aprenderás cómo diseñar una portada que impacte y cómo formatear tu libro para que el lector disfrute de una experiencia visual impecable. Vamos a sumergirnos en las herramientas, técnicas y detalles que te ayudarán a presentar tu obra de la mejor manera posible.

Importancia de la portada:

La portada de un libro tiene un poder único: es la encargada de captar la atención y hacer que el lector potencial se detenga. Aunque no podemos juzgar un libro solo por su portada, la realidad es que una portada bien diseñada incrementa notablemente las posibilidades de venta. La portada es la carta de presentación de tu historia o contenido, y debe reflejar el tono y el mensaje de tu libro.

Elementos Clave de una Portada Atractiva:

1. **Títulos y Tipografía Impactantes:** El título debe ser claro y fácil de leer a primera vista. Utiliza una tipografía que esté alineada con el tema de tu libro; por ejemplo, una tipografía elegante para un libro de desarrollo personal o una fuente más atrevida para una novela de misterio.

2. **Colores que Resalten y Comunican:** Los colores tienen el poder de evocar emociones y captar la atención. Los tonos cálidos como el rojo y el naranja pueden transmitir energía, mientras que los tonos fríos, como el azul, pueden evocar tranquilidad o misterio.

3. **Imágenes y Gráficos de Calidad:** Utiliza imágenes de alta resolución y asegúrate de que tengan relación con el

tema. Una imagen bien elegida puede transmitir la esencia de tu libro sin necesidad de palabras adicionales.

4.   **Espacio y Simplicidad:** Evita la saturación. Un diseño limpio y con suficiente espacio permite que cada elemento se destaque, haciendo que el diseño sea visualmente agradable y profesional.

Ejemplo de Impacto de la Portada: Piensa en un libro sobre autoayuda. Una portada limpia, con un fondo suave y un título destacado en una fuente clara, puede transmitir calma y confianza. Ahora, imagina una portada similar con una fuente saturada y colores intensos; esta probablemente desviaría al lector ideal. La portada es la primera promesa que le haces a tu lector, así que cuida cada detalle.

Herramientas para diseño de portadas:

Para diseñar una portada atractiva, no necesitas ser un experto en diseño gráfico. Existen herramientas accesibles que te permiten crear una portada profesional incluso si no tienes experiencia en diseño. Aquí te comparto algunas opciones útiles:

1.   **Canva:**

o   Canva es una herramienta de diseño en línea que ofrece plantillas específicas para portadas de libros. Su interfaz intuitiva permite personalizar colores, tipografías e imágenes con facilidad. Canva es especialmente útil si buscas una solución rápida y económica, ya que cuenta con plantillas prediseñadas que puedes adaptar.

o   Consejo Práctico: Explora las plantillas de "Portadas de libros" en Canva. Puedes elegir una plantilla que se adapte al tema de tu libro y personalizarla con tus propios colores y textos para que sea única.

2.   **Adobe Spark:**

o   Adobe Spark es otra herramienta gratuita que permite crear portadas personalizadas con opciones de diseño profesional.

Al igual que Canva, cuenta con plantillas y una amplia gama de fuentes y colores para lograr una estética acorde a tu libro.

o   Consejo Práctico: Usa las plantillas minimalistas de Adobe Spark si buscas un diseño sencillo y elegante. Los diseños minimalistas tienden a ser atractivos y transmiten profesionalismo.

3.   Book Brush:

o   Book Brush es una herramienta específicamente diseñada para autores, que ofrece plantillas para portadas y herramientas de marketing de libros. Book Brush tiene opciones avanzadas para crear cubiertas de alta calidad y atractivas para libros digitales y físicos.

o   Consejo Práctico: Experimenta con las opciones de efectos y sombras en Book Brush para darle a tu portada un aspecto tridimensional. Esto puede hacer que el libro destaque más en las plataformas en línea.

Tip Adicional: Antes de finalizar la portada, muestra diferentes opciones a personas de confianza o incluso realiza una encuesta en redes sociales para ver cuál portada resulta más atractiva. La opinión de otros puede ayudarte a elegir el diseño más impactante.

Formateo para Kindle y Paperback:

Una vez que tienes una portada atractiva, el siguiente paso es asegurarte de que el interior de tu libro esté bien formateado. Un buen formato asegura que la experiencia de lectura sea fluida y sin distracciones. A continuación, te explico cómo formatear tu libro tanto para Kindle como para la versión en papel (Paperback) en Amazon KDP:

1.   Formato para Kindle:

o   Texto Justificado y Espaciado Adecuado: Al formatear para Kindle, es importante justificar el texto y ajustar el espaciado entre líneas para facilitar la lectura en dispositivos móviles. El interlineado de 1.15 o 1.5 funciona bien.

o   Índice Interactivo: Incluye un índice interactivo que permita a los lectores navegar fácilmente entre capítulos. Esto es especialmente útil en libros de no ficción, donde los lectores pueden querer ir directamente a secciones específicas.

o   Exporta en Formato .mobi o .epub: Amazon KDP acepta archivos en estos formatos para Kindle. Puedes usar herramientas como Kindle Create o Calibre para convertir tu archivo de Word a un formato compatible.

2.   Formato para Paperback:

o   Tamaño y Márgenes: Amazon KDP recomienda el tamaño de 6x9 pulgadas para la mayoría de los libros de bolsillo. Asegúrate de establecer márgenes de al menos 0.5 pulgadas en los bordes y 0.75 pulgadas en el margen interior.

o   Numeración de Páginas y Encabezados: Incluye números de página y, si es apropiado, encabezados con el título del libro o el nombre del autor. Esto da al libro un toque profesional y facilita la navegación.

o   Portada Completa (Frontal, Lomo y Contraportada): Amazon KDP requiere que la portada del libro en papel sea una sola imagen que incluya el frente, el lomo y la contraportada. Book Brush y Canva ofrecen plantillas específicas para crear esta portada completa.

3.   Herramientas para el Formato de Kindle y Paperback:

o   Kindle Create: Kindle Create es una herramienta gratuita de Amazon que permite dar formato al texto, añadir un índice y crear una presentación profesional. Es especialmente útil para autores sin experiencia en formateo, ya que el programa guía en cada paso.

o   Microsoft Word o Google Docs: Si prefieres usar herramientas comunes, Word y Google Docs ofrecen plantillas que puedes ajustar al tamaño adecuado. Asegúrate de revisar la apariencia final con la opción de "Vista previa" que ofrece KDP para evitar problemas de alineación.

Consejo Práctico: Antes de publicar, utiliza la herramienta de vista previa de Amazon KDP para revisar cómo se verá tu libro en diferentes dispositivos (Kindle, tabletas y teléfonos). También puedes imprimir una copia de prueba de la versión en papel para asegurarte de que todos los elementos están en su lugar.

Resumen

La portada y el formato son la cara visible de tu libro; son lo que atrae, cautiva y asegura que el lector disfrute de cada página sin distracciones. Crear una portada profesional y un formato pulido no solo habla de tu dedicación como autor, sino que también refleja el respeto que tienes por tu audiencia.

Este capítulo te ha brindado las herramientas y los recursos necesarios para presentar tu obra con el mejor aspecto posible, asegurándote de que tanto la primera impresión como la experiencia de lectura sean inolvidables. Ahora tienes los conocimientos para crear un libro que no solo será leído, sino apreciado. ¡Es momento de mostrar tu creación al mundo, y de hacerlo con una presentación digna de bestseller!

CAPÍTULO 8: PUBLICACIÓN EN AMAZON Y PLATAFORMAS ALTERNATIVAS

"Has dedicado tiempo y pasión a escribir tu libro, ahora es momento de mostrarlo al mundo. Publicar no es solo un acto de compartir, sino también de conectar con lectores que necesitan tu mensaje

Publicar tu libro es un paso decisivo, el momento en que tu trabajo cobra vida y comienza a llegar a las personas para las que fue creado. Hoy en día, plataformas como Amazon KDP han facilitado enormemente este proceso, permitiéndote no solo publicar sin complicaciones, sino también acceder a un mercado global. Además, existen alternativas que te permiten llegar a audiencias aún más amplias. En este capítulo, descubrirás cómo publicar en Amazon KDP, desde crear una cuenta hasta fijar un precio competitivo. También exploraremos otras plataformas que pueden ser útiles para distribuir y promocionar tu contenido.

Este capítulo es tu guía para que la publicación sea un proceso fluido y te permita enfocarte en lo más importante: conectar con tus lectores y hacer que tu mensaje llegue lo más lejos posible.

Crear una cuenta en Amazon KDP:

Amazon Kindle Direct Publishing (KDP) es una de las plataformas más populares y accesibles para autores independientes. Publicar a través de KDP no solo te permite llegar a una audiencia global, sino que también garantiza que tu libro esté disponible en formato Kindle y en papel, facilitando la venta en Amazon. A continuación, te explico cómo crear una cuenta en Amazon KDP paso a paso:

1. **Accede al Sitio de KDP:**
   o   Visita kdp.amazon.com y selecciona la opción para iniciar sesión o crear una cuenta. Si ya tienes una cuenta de Amazon, puedes usarla para registrarte en KDP.
2. **Configura tu Cuenta:**
   o   Una vez dentro de la plataforma, completa la configuración de tu cuenta. Esto incluye ingresar tu información personal, como tu nombre y dirección. Amazon te pedirá también detalles fiscales y una cuenta bancaria donde recibirás los pagos por regalías.

3. **Configuración de Pagos y Derechos de Autor:**
   o   En la sección de "Configuración de pagos", elige tu país y la

moneda en la que deseas recibir los ingresos. Amazon KDP permite recibir pagos directos en la mayoría de los países.

o   A continuación, completa los datos sobre derechos de autor. Como autor, tú posees los derechos de tu obra y Amazon solo necesita verificar esta información para poder realizar los pagos.

4.   Familiarízate con el Panel de KDP:

o   El panel de KDP es el lugar donde gestionarás todos los aspectos de tu libro, desde la carga del manuscrito hasta la configuración del precio. Tómate un momento para explorar cada sección y familiarizarte con las opciones que ofrece.

Consejo Práctico: Una vez creada tu cuenta, puedes acceder a las guías de Amazon KDP, donde encontrarás tutoriales y respuestas a preguntas frecuentes. Familiarizarte con estos recursos te permitirá resolver dudas rápidamente a medida que avanzas.

Subir el libro y establecer precio:

Con la cuenta de KDP lista, es momento de subir tu libro y establecer un precio que sea competitivo y atractivo para los lectores. Amazon KDP te permite cargar tu libro en formatos Kindle y Paperback (impresión bajo demanda). Aquí tienes el proceso paso a paso:

1.   Sube el Manuscrito y la Portada:

o   En el panel de KDP, selecciona "Crear un nuevo título" y elige si deseas publicar en Kindle o en Paperback. Luego, sigue las instrucciones para cargar el archivo de tu manuscrito y la portada.

o   Asegúrate de que el archivo esté en el formato correcto (.docx para Kindle, PDF para Paperback). Revisa nuevamente la portada y asegúrate de que se vea bien en la vista previa de Amazon.

2.   Configura los Detalles del Libro:

o   Amazon te pedirá que ingreses el título, subtítulo, y una descripción del libro. Estos elementos son cruciales para captar la atención de los lectores, así que tómate el tiempo de redactar una descripción atractiva y clara.

o　　　También debes elegir categorías y palabras clave que ayuden a los lectores a encontrar tu libro. Piensa en términos que tu audiencia potencial podría usar para buscar contenido similar.

3.　Establece el Precio:

o　　Al fijar el precio de tu libro, considera el valor percibido, la competencia y tu meta de ingresos. Amazon KDP ofrece dos opciones de regalías: el 35% y el 70%. Para calificar para la regalía del 70%, debes fijar un precio entre $2.99 y $9.99 para la versión Kindle.

o　　La clave es establecer un precio accesible pero que refleje el valor de tu contenido. Investiga el precio de libros similares en tu nicho para tener una referencia y posicionar tu libro en un rango competitivo.

4.　Vista Previa y Publicación:

o　　Antes de publicar, utiliza la vista previa de KDP para revisar cómo se verá el libro en diferentes dispositivos Kindle. Corrige cualquier problema que encuentres y realiza ajustes finales.

o　　Cuando estés listo, selecciona "Publicar" y Amazon revisará tu libro antes de que esté disponible para la venta. Este proceso puede tardar entre 24 y 72 horas.

Consejo Práctico: Asegúrate de utilizar la herramienta "Precios KDP" que ofrece Amazon para simular el ingreso potencial con diferentes precios. Esto te dará una visión más clara de tus posibles regalías y te ayudará a elegir el mejor precio.

EVALUACIÓN DE PLATAFORMAS ADICIONALES:

Si bien Amazon KDP es una excelente plataforma de publicación, existen otras alternativas que te permiten diversificar y llegar a más lectores. Publicar en varias plataformas también puede mejorar la exposición de tu libro y abrir nuevas oportunidades de ingresos. A continuación, te explico algunas de las opciones más populares:

1. **Hotmart:**
o   Hotmart es una plataforma enfocada en la venta de productos digitales, lo cual la convierte en una excelente opción si deseas vender tu libro en formato digital (PDF o eBook). Hotmart también permite crear paquetes con otros productos, como audios o videos, agregando valor adicional para los compradores.
o   Ventajas: Ofrece una gran red de afiliados que pueden promocionar tu libro y aumentar tus ventas. Puedes establecer un precio alto si incluyes contenido exclusivo o recursos adicionales.

2. **Gumroad:**
o   Gumroad es una plataforma sencilla para vender productos digitales directamente desde tu propio sitio web o redes sociales. Gumroad ofrece opciones flexibles de precios y permite crear una relación más directa con los compradores.
o   Ventajas: Puedes controlar completamente el precio y las regalías. Además, Gumroad te permite recopilar correos electrónicos de tus compradores, lo cual es útil para construir una

comunidad de lectores.

3. **IngramSpark:**

o   IngramSpark es una plataforma que permite la impresión y distribución bajo demanda, con una red de distribución global. Si deseas que tu libro esté disponible en librerías físicas o en bibliotecas, IngramSpark es una buena opción para complementar las ventas en Amazon.

o   Ventajas: IngramSpark ofrece una mayor flexibilidad en cuanto al formato del libro y su distribución en tiendas físicas, lo cual amplía las opciones para llegar a más lectores.

Consejo Práctico: Evalúa las características de cada plataforma y considera tus objetivos. Por ejemplo, si deseas enfocarte en libros impresos y en llegar a librerías, IngramSpark es una excelente elección. Si prefieres centrarte en ventas digitales y ampliar tu audiencia, Hotmart y Gumroad pueden ser más efectivas.

Resumen

Publicar tu libro es el paso final para hacerlo llegar a las manos de tus lectores. Ya sea en Amazon, Hotmart, Gumroad o cualquier otra plataforma, el objetivo es que tu contenido esté disponible y accesible para quienes buscan ese mensaje que tienes para ofrecer. Ahora tienes las herramientas y el conocimiento para realizar la publicación de manera profesional, maximizando la exposición y asegurándote de que cada lector tenga una experiencia de calidad.

Con este capítulo, cierras el proceso de creación y apertura de tu libro al mundo. Es un momento emocionante que marca el inicio de una nueva etapa: la de compartir, inspirar y conectar.

CAPÍTULO 9:
ESTRATEGIAS DE
COMERCIALIZACIÓN
Y MONETIZACIÓN

"Publicar un libro es un logro, pero hacer que llegue a las manos de quienes lo necesitan es un verdadero arte. Comercializar tu obra es el siguiente gran paso para conectar con tu audiencia y llevar tu mensaje más allá de las páginas.

Llegar a ser un autor no termina en la publicación; es solo el comienzo de una etapa llena de posibilidades. El marketing y la monetización de tu libro te permitirán compartir tu trabajo con una audiencia más amplia y, además, recibir una recompensa por todo el esfuerzo invertido. Con las herramientas y estrategias de hoy, cualquier autor independiente tiene el poder de dar a conocer su obra en redes sociales, posicionarla en buscadores y aumentar sus ingresos a través de programas específicos de Amazon. Este capítulo está diseñado para darte los recursos que necesitas para que tu libro no solo se lea, sino que también genere un impacto.

MARKETING DIGITAL PARA AUTORES INDEPENDIENTES:

El marketing digital es la clave para atraer a tus primeros lectores y crear una base de seguidores fieles. Las redes sociales, los blogs y los canales de YouTube son plataformas que te permiten llegar directamente a tu audiencia, sin necesidad de intermediarios. Aquí tienes algunas estrategias específicas para aprovechar cada canal:

1. **Redes Sociales (Instagram, Twitter, TikTok):**
   - Instagram: Publica fragmentos visuales de tu libro o citas impactantes que llamen la atención. Utiliza hashtags específicos de tu nicho (#librosdereflexión, #autoayuda) para que las personas interesadas en el tema encuentren tu contenido.
   - Twitter: Comparte tu proceso de escritura, anécdotas y fragmentos del libro. Twitter es excelente para conectar con otros autores y lectores que pueden estar interesados en tu obra.
   - TikTok: TikTok se ha convertido en una plataforma popular para promocionar libros. Crea videos cortos donde cuentes de qué trata tu libro, cómo nació la idea o incluso un "book trailer" visualmente atractivo.

2. **Blog y Sitio Web Personal:**
   - Tener un blog o un sitio web es una excelente forma de dar a conocer más sobre tu obra y ofrecer contenido adicional. Publica artículos relacionados con el tema de tu libro, de modo

que los lectores potenciales puedan descubrirlo cuando busquen información relevante.

o   Además, un blog te permite crear una lista de correos electrónicos con lectores interesados, lo cual es muy valioso para futuras promociones.

3.   Canal de YouTube:

o   En YouTube puedes crear contenido en video que complemente tu libro. Puedes hacer una serie de videos donde explores temas específicos o incluso responder preguntas de los lectores. Esto permite construir una relación más personal con tu audiencia.

o   YouTube también es útil para reseñas de otros libros similares, lo que puede atraer a una audiencia interesada en el género de tu obra.

Consejo Práctico: No te sientas presionado a usar todas las redes al mismo tiempo. Elige las plataformas donde se encuentra tu audiencia y concéntrate en construir una presencia genuina y constante.

SEO Y PALABRAS CLAVE:

La optimización para motores de búsqueda (SEO) y el uso de palabras clave son fundamentales para hacer que tu libro sea fácil de encontrar, tanto en Amazon como en Google. Utilizar palabras clave relevantes y técnicas de SEO te ayudará a atraer lectores que estén buscando contenido como el tuyo. A continuación, te explico cómo hacerlo:

1.   **Palabras Clave para Amazon:**
o   En Amazon, puedes ingresar hasta siete palabras clave que ayudarán a que tu libro aparezca en las búsquedas relacionadas. Elige palabras clave específicas y relevantes para el tema de tu libro. Herramientas como Publisher Rocket pueden ayudarte a identificar palabras clave populares y de baja competencia.
o   Ejemplo: Si tu libro es sobre productividad, podrías usar palabras clave como "mejorar la productividad", "gestión del tiempo" o "hábitos para el éxito".

2.   **SEO en la Descripción del Libro:**
o   La descripción de tu libro también debe estar optimizada para incluir palabras clave relevantes. Utiliza términos que los lectores potenciales puedan buscar en Amazon o Google. Asegúrate de que la descripción sea atractiva y resalte los beneficios de leer tu libro.
o   Consejo Práctico: Comienza con una pregunta o frase que capture la atención del lector, como "¿Te gustaría organizar tu vida y lograr más con menos estrés?". Luego, introduce palabras clave en la descripción de manera natural.

3.   Blogs y Artículos SEO:

o   Si tienes un blog, puedes escribir artículos relacionados con el tema de tu libro y optimizarlos para SEO. Estos artículos pueden atraer tráfico de Google y redirigir a los lectores interesados a la página de tu libro. Por ejemplo, si tu libro trata sobre meditación, puedes escribir artículos sobre "beneficios de la meditación" o "cómo empezar a meditar".

o   Consejo: Incluye enlaces a la página de tu libro en Amazon o a tu sitio web en estos artículos. Esto no solo te ayuda a aumentar la visibilidad, sino que también mejora el SEO general de tu sitio.

KDP SELECT Y KINDLE UNLIMITED:

Amazon ofrece programas exclusivos que pueden ayudarte a monetizar y aumentar la visibilidad de tu libro, como KDP Select y Kindle Unlimited. A continuación, te explico cómo funcionan estos programas y sus beneficios:

1. **KDP Select:**
   o   Al inscribir tu libro en KDP Select, Amazon te pide exclusividad digital durante 90 días. A cambio, tu libro estará disponible en Kindle Unlimited y podrás realizar promociones de ventas (como ofrecerlo gratis o con descuento durante un periodo limitado).
   o   Ventaja: KDP Select permite que tu libro sea accesible a los suscriptores de Kindle Unlimited, ampliando su alcance. Además, Amazon prioriza los libros en KDP Select en las recomendaciones, lo que aumenta la visibilidad..

2. **Kindle Unlimited (KU):**
   o   Kindle Unlimited es un servicio de suscripción donde los usuarios de Amazon pagan una tarifa mensual y pueden leer cualquier libro disponible en el programa sin costo adicional. Cada vez que un lector termina una parte de tu libro, Amazon te paga una fracción de regalías basada en el número de páginas leídas.
   o   Beneficio para el Autor: Si tu libro es accesible y tiene buena retención, Kindle Unlimited puede ser una fuente estable de ingresos. Los lectores tienden a explorar más libros en este programa, lo cual aumenta las probabilidades de que descubran el

tuyo.

Consejo Práctico: Si decides usar KDP Select, aprovecha las promociones de "Días Gratis" y descuentos temporales para darle visibilidad a tu libro y atraer a nuevos lectores. Este tipo de campañas no solo aumentan las ventas, sino también la probabilidad de recibir reseñas positivas.

RESUMEN:

La comercialización y monetización de tu libro son fundamentales para asegurarte de que llegue a su audiencia y cumpla con su propósito de inspirar, educar o entretener. Aplicando estrategias de marketing digital, optimización de SEO y aprovechando los programas de Amazon, tienes el poder de conectar con lectores que buscan exactamente lo que tú tienes para ofrecer.

Cada paso en la promoción es una oportunidad para llegar a más personas, y este capítulo te ha dado las herramientas para hacerlo de manera efectiva y profesional. Recuerda, vender un libro no se trata solo de ingresos; se trata de compartir tu mensaje y lograr que cada página deje una huella en los lectores

CAPÍTULO 10: GESTIÓN DE REGALÍAS Y SEGUIMIENTO DE VENTAS

"Tu libro ahora está en manos de los lectores, y con cada ejemplar vendido, tu mensaje se extiende y genera ingresos. Gestionar tus regalías y analizar tus ventas es la clave para que tu esfuerzo se convierta en una fuente de ingresos constante y sostenible."

Después de todo el trabajo de escribir, editar y publicar llega una de las partes más emocionantes de la experiencia de ser autor: ver cómo tu libro comienza a generar ingresos. Comprender cómo funcionan las regalías y cómo puedes hacer un seguimiento efectivo de las ventas te permitirá tomar decisiones estratégicas que maximicen tus ingresos. Este capítulo es tu guía para gestionar regalías, entender los sistemas de pago y llevar un control de ventas que te permita evaluar el impacto de tu libro en el mercado.

COMPRENDER LAS REGALÍAS EN AMAZON:

Las regalías representan el porcentaje de ingresos que recibes por cada venta de tu libro, y Amazon ofrece varias opciones para que puedas optimizar tus ingresos según el tipo de libro y su precio. A continuación, te explico cómo funcionan las regalías en Amazon y cómo puedes maximizar tus beneficios:

1. **Regalías para Libros Kindle:**
   o   Opción de 70%: Para libros Kindle cuyo precio esté entre $2.99 y $9.99, Amazon ofrece una regalía del 70%. Esta es la opción preferida por muchos autores, ya que permite un alto porcentaje de ingresos mientras mantiene el precio accesible para los lectores.
   o   Opción de 35%: Si decides fijar un precio fuera del rango de $2.99 a $9.99 o si deseas llegar a ciertos mercados, recibirás el 35% de regalías por cada venta.
   o   Consejo Práctico: Investiga los precios de libros similares para encontrar un precio competitivo que maximice tus regalías. Mantener el precio dentro del rango que permite el 70% de regalías suele ser una buena estrategia.

2. **Regalías para Libros en Papel:**
   o   Para libros en papel, Amazon KDP deduce los costos de impresión antes de calcular tus regalías. Las regalías para libros impresos suelen ser del 60% del precio de venta después de

descontar los costos de impresión.

o   Ejemplo de Cálculo: Si tu libro en papel se vende a $10 y el costo de impresión es de $2.50, tus regalías serían del 60% sobre los $7.50 restantes, lo que resulta en un ingreso de $4.50 por venta.

o   Consejo: Calcula el costo de impresión en función del número de páginas y el tipo de papel, y ajusta el precio para garantizar una ganancia adecuada sin elevar demasiado el costo para el lector.

3.   Regalías en Kindle Unlimited (KU):

o   Si tu libro está inscrito en KDP Select, los lectores de Kindle Unlimited (KU) pueden leerlo como parte de su suscripción. Amazon paga a los autores de KU según el número de páginas leídas, lo cual puede generar regalías adicionales.

o   Consejo Práctico: Para maximizar tus regalías en KU, asegúrate de que tu libro sea interesante y mantenga la atención de los lectores, ya que las regalías dependen del número de páginas que lean.

OTRAS FUENTES DE INGRESOS:

Más allá de las ventas de tu libro en formato Kindle o en papel, existen otras maneras de monetizar tu contenido y aumentar tus ingresos. A continuación, te presento algunas de las fuentes de ingresos adicionales más comunes para autores independientes:

1.   **Audiolibros:**
o   Los audiolibros han ganado popularidad y son una excelente manera de llegar a un público más amplio. Plataformas como Audible y ACX (Audiobook Creation Exchange) te permiten crear y distribuir tu audiolibro fácilmente.

o   Consejo: Si decides grabar un audiolibro, puedes optar por hacerlo tú mismo si tienes experiencia en narración, o contratar a un narrador profesional en plataformas como ACX. Los audiolibros amplían tu audiencia y pueden generar regalías adicionales por cada escucha.

2.   **Cursos Complementarios:**
o   Si tu libro se enfoca en un tema educativo o práctico, considera crear un curso en línea complementario. Plataformas como Udemy y Teachable permiten vender cursos, lo cual puede ser una extensión natural del contenido de tu libro.

o   Consejo Práctico: Diseña un curso que complemente el contenido de tu libro y ofrezca un aprendizaje adicional o una experiencia más profunda. Puedes promocionar el curso en tu libro y en tus redes sociales para atraer a lectores interesados en aprender más.

3.   Ediciones Especiales y Merchandising:

o   Si tu libro tiene una audiencia leal, considera crear ediciones especiales o productos de merchandising, como camisetas, marcadores o libretas con citas o temas relacionados con el contenido. Puedes vender estos productos en tu sitio web o en plataformas como Etsy.

o   Consejo: Al lanzar una edición especial o productos de merchandising, crea una campaña de marketing en redes sociales para generar interés y promocionar la exclusividad de estos productos. Esto puede generar ingresos adicionales y fidelizar a tus seguidores.

HERRAMIENTAS DE SEGUIMIENTO DE VENTAS Y ANÁLISIS:

Monitorear y analizar las ventas de tu libro es esencial para entender qué estrategias de marketing están funcionando y cómo puedes mejorar. Amazon KDP ofrece un sistema básico de seguimiento de ventas, pero existen herramientas adicionales que te permiten analizar estos datos en profundidad:

1.   **Panel de KDP:**
o   El panel de KDP proporciona información detallada sobre las ventas diarias, mensuales y por formato (Kindle, Paperback y Kindle Unlimited). Puedes ver las unidades vendidas, las regalías obtenidas y las páginas leídas en Kindle Unlimited.
o   Consejo Práctico: Revísalo semanalmente para observar tendencias de ventas y evaluar el impacto de campañas promocionales o ajustes de precio.

2.   **Reportes Descargables de KDP:**
o   Amazon KDP permite descargar reportes en Excel que incluyen ventas por país, regalías por formato y otra información relevante. Estos reportes son útiles para identificar patrones en los mercados y los formatos.
o   Consejo: Revisa el rendimiento de tu libro en diferentes regiones. Esto puede darte pistas sobre dónde enfocar tus esfuerzos de marketing y adaptar la estrategia para cada mercado.

3.   **Herramientas Externas para Análisis Avanzado:**

o   BookReport y KDSpy son herramientas externas que conectan con tu cuenta de KDP y ofrecen análisis avanzados de ventas, incluyendo gráficos de tendencias, comparaciones de mercado y visualización de ingresos a lo largo del tiempo.

o   Consejo: Usa estas herramientas para observar cómo tus ventas fluctúan a lo largo del año y planificar promociones en los meses más fuertes. Esto puede ayudarte a anticipar el comportamiento de ventas y maximizar ingresos en períodos clave.

Ejemplo de Estrategia Basada en Datos: Si observas que tus ventas aumentan durante las vacaciones de fin de año, puedes planificar promociones especiales o lanzar una edición con contenido adicional en esa temporada, maximizando las oportunidades de ingresos.

RESUMEN:

La gestión de regalías y el seguimiento de ventas no solo te permiten recibir ingresos, sino también entender cómo el mercado responde a tu obra. Con una visión clara de las regalías y utilizando otras fuentes de ingresos, puedes diversificar y ampliar tu rentabilidad como autor. Al monitorear tus ventas y analizar los datos, tendrás el poder de ajustar tus estrategias de marketing para optimizar los resultados y hacer crecer tu audiencia.

Este capítulo te ha dado las herramientas necesarias para manejar tus ingresos y seguir construyendo sobre el éxito de tu libro. A partir de aquí, cada decisión informada será un paso hacia el crecimiento y el impacto que deseas lograr como autor independiente.

CAPÍTULO 11: CONSTRUYENDO UNA COMUNIDAD Y BUSCANDO COLABORACIONES

"Un libro no se detiene en las manos de un lector; su impacto crece cuando se comparte, se comenta y se recomienda. Crear una comunidad y formar alianzas te permitirá llevar tu mensaje a más personas y construir un lazo duradero con tu audiencia

Como autor, uno de tus recursos más valiosos es la comunidad que se forma en torno a tu obra. Los lectores fieles no solo te brindan apoyo, sino que también te ayudan a difundir tu mensaje, a ganar visibilidad y a crecer en el competitivo mundo de la publicación. A su vez, colaborar con otros creadores y buscar formas de financiamiento alternativas puede impulsar tus futuros proyectos. Este capítulo te ofrece las herramientas para construir una comunidad sólida, establecer colaboraciones estratégicas y explorar vías de financiación para llevar tus ideas al siguiente nivel.

IMPORTANCIA DE LA COMUNIDAD PARA LOS AUTORES:

Tener una comunidad de lectores fieles es una de las mejores formas de expandir tu alcance y fortalecer tu carrera como autor. Estos lectores no solo apoyan tus obras actuales, sino que también están interesados en tus próximos proyectos y se convierten en embajadores de tu contenido. Aquí te explico cómo puedes construir y nutrir una comunidad que crezca junto a ti:

1. **Conecta con tus Lectores a Través de las Redes Sociales:**

o   Las redes sociales son una herramienta poderosa para interactuar con tus lectores, responder preguntas y recibir retroalimentación. Puedes compartir fragmentos de tu libro, actualizaciones sobre proyectos futuros e incluso invitarlos a participar en el proceso creativo.

o   Consejo Práctico: Utiliza las historias de Instagram o los posts de Facebook para interactuar en tiempo real. Realiza encuestas o responde preguntas sobre temas de tu libro. Esta cercanía genera confianza y lealtad en tu audiencia.

2. **Crea una Lista de Correo Electrónico:**

o   Una lista de correo es una excelente manera de comunicarte de forma directa con tus seguidores más interesados. Puedes enviarles contenido exclusivo, adelantos de capítulos y noticias sobre lanzamientos, lo cual les da un sentido de pertenencia y exclusividad.

o   Consejo: En cada email, incluye una llamada a la acción que motive a tus lectores a interactuar, ya sea compartiendo tu contenido, dejando una reseña o participando en un evento virtual.

3.   **Organiza Eventos y Encuentros:**

o   Los eventos en línea, como webinars, entrevistas en vivo o lecturas de tu libro, son una gran oportunidad para fortalecer la relación con tu comunidad. Los encuentros físicos también son valiosos, si es posible realizarlos, ya que permiten una conexión más profunda.

o   Consejo: En los eventos en vivo, dedica un tiempo para responder preguntas del público. Los lectores que sienten que sus dudas o comentarios han sido escuchados suelen ser los más leales y entusiastas.

Ejemplo de Impacto de la Comunidad: Imagina que has lanzado un nuevo libro y compartes la noticia con tu comunidad por email y redes sociales. Algunos lectores lo compran inmediatamente y publican reseñas, lo cual impulsa las ventas y hace que el libro gane visibilidad. La comunidad actúa como una red de apoyo que te ayuda a dar a conocer tu obra a nuevos lectores.

COLABORACIONES ESTRATÉGICAS:

Colaborar con otros autores y creadores de contenido es una manera efectiva de expandir tu audiencia y fortalecer tu posicionamiento. Estas alianzas pueden darte acceso a nuevos lectores y crear oportunidades de crecimiento que no podrías alcanzar por ti solo. Aquí te explico cómo encontrar y aprovechar colaboraciones estratégicas:

1.   **Colaboraciones con Otros Autores:**
o   Trabajar con otros autores de tu nicho puede beneficiar a ambos al compartir sus respectivas audiencias. Pueden escribir un artículo conjunto, realizar entrevistas mutuas o promocionar los libros del otro en sus redes sociales.
o   Consejo Práctico: Al colaborar, selecciona autores cuyos valores y temas coincidan con los tuyos. Esto garantiza que sus audiencias estén alineadas y que la colaboración beneficie a ambas partes.

2.   **Invitaciones a Blogs y Podcasts:**
o   Los blogs y podcasts de temática relacionada con tu libro son una excelente manera de llegar a nuevas audiencias. Puedes ofrecerte como invitado para hablar sobre el contenido de tu libro o sobre temas relevantes para su audiencia.
o   Consejo: Crea una lista de blogs y podcasts influyentes en tu nicho y contáctalos proponiendo temas que puedan interesar a sus seguidores. En cada entrevista, asegúrate de mencionar cómo tu libro puede aportarles valor.

3.   Redes Sociales y "Takeovers":

o   Los "takeovers" en redes sociales son una estrategia en la que te encargas de la cuenta de otro creador por un día. Durante ese tiempo, puedes interactuar con su audiencia, contar sobre tu libro y generar interés en tu contenido.

o   Consejo: Organiza estos eventos con cuentas que tengan audiencias afines y planifica el contenido que compartirás. Un "takeover" bien planeado puede generar nuevos seguidores y lectores interesados en tu trabajo.

Ejemplo de Colaboración Exitosa: Supón que realizas una colaboración con un autor que escribe sobre temas similares. Ambos se promocionan mutuamente en sus redes y en sus listas de correo. Como resultado, ambos ganan nuevos lectores que probablemente sigan apoyando sus próximos proyectos.

CROWDFUNDING Y PATROCINADORES:

Para muchos autores, la financiación de futuros proyectos puede ser un desafío. El crowdfunding y el patrocinio son alternativas que permiten financiar la creación de nuevos libros y, al mismo tiempo, conectar de manera más profunda con tu audiencia. A continuación, te explico cómo funcionan estas opciones y cómo puedes implementarlas:

1.   **Crowdfunding (Financiación Colectiva):**
o   Plataformas como Kickstarter y Patreon permiten que los autores recauden fondos directamente de sus lectores. A cambio, los lectores reciben recompensas, como copias anticipadas del libro, contenido exclusivo o incluso una mención en el libro.
o   Consejo Práctico: Al crear una campaña de crowdfunding, define recompensas atractivas que motiven a los lectores a participar. Comunica claramente el propósito de la campaña y cómo los fondos se destinarán a la creación del libro.

2.   **Patrocinios:**

o   Algunas empresas o marcas están interesadas en patrocinar autores cuyo trabajo se alinee con sus valores y objetivos. Un patrocinio puede incluir financiamiento, promoción o productos gratuitos que pueden servir como incentivos para tu audiencia.
o   Consejo: Identifica marcas que tengan una conexión con el tema de tu libro y contacta a sus responsables de marketing con una propuesta. Explica cómo la colaboración puede beneficiar a ambas partes y ofrece opciones de visibilidad para el patrocinador.

3.   Miembros y Suscripciones:

o   A través de plataformas como Patreon o Substack, puedes crear una comunidad de suscriptores que apoyen mensualmente tus proyectos a cambio de contenido exclusivo. Los suscriptores suelen recibir beneficios como capítulos avanzados, noticias de tus próximos proyectos o acceso a eventos privados.

o   Consejo: Establece una estructura clara para las suscripciones y asegúrate de ofrecer contenido de valor que mantenga a tus suscriptores comprometidos. Este sistema puede proporcionarte ingresos recurrentes y financiar proyectos futuros.

Ejemplo Práctico de Crowdfunding: Imagina que lanzas una campaña en Kickstarter para financiar la edición de lujo de tu próximo libro. Ofreces recompensas como una copia firmada, una sesión de preguntas y respuestas y un capítulo exclusivo. Gracias al apoyo de tus seguidores, logras recaudar los fondos necesarios, y la campaña también sirve para generar expectativa entre los futuros lectores

CAPÍTULO 12: PENSAR EN EL FUTURO – QUE SIGUE DESPUÉS DE PUBLICAR

"Publicar un libro es un logro inmenso, pero no es el final del viaje. Es el inicio de nuevas oportunidades, conexiones y caminos que puedes explorar para expandir tu impacto y dejar una huella duradera en el mundo.

Tu libro ya está en manos de los lectores, pero tu misión como autor está lejos de terminar. Mantener la relevancia de tu obra, desarrollar una marca personal y planificar tus próximos pasos son acciones clave para asegurar que tu carrera como autor continúe en crecimiento. En este capítulo, explorarás estrategias para prolongar el impacto de tu libro, expandir tu marca y considerar tus siguientes proyectos. Publicar es solo el comienzo, y lo que viene a continuación puede ser aún más emocionante.

ESTRATEGIA A LARGO PLAZO

Una vez que tu libro ha sido publicado, es importante pensar en cómo puedes mantener su relevancia en el tiempo. Una estrategia a largo plazo te permitirá generar ingresos pasivos y asegurar que el mensaje de tu obra siga resonando con nuevos lectores.

1. **Actualización de Contenido y Nuevas Ediciones:**

o   Si tu libro contiene información técnica o práctica, considera actualizarlo cada cierto tiempo para mantenerlo vigente. Lanzar una nueva edición puede ayudarte a captar la atención de nuevos lectores y mantener el interés de quienes ya te conocen.

o   Consejo Práctico: Al actualizar el contenido, puedes incluir un nuevo prefacio, agregar estudios recientes o mejorar capítulos según los comentarios de los lectores. Esto muestra tu compromiso con la calidad y la relevancia de tu obra.

2. **Promociones Periódicas:**

o   Programar promociones periódicas, como descuentos o campañas de marketing, es una excelente manera de revivir el interés en tu libro. Las plataformas como Amazon KDP ofrecen la opción de programar días de promoción gratuita o de descuentos que pueden ayudarte a llegar a más personas.

o   Consejo: Organiza estas promociones estratégicamente, durante fechas relevantes para el tema de tu libro o eventos importantes, para atraer más lectores.

3. **Creación de Contenidos Complementarios:**

o   Crear contenido adicional en tus redes sociales o blog puede ayudarte a mantener el interés en tu libro. Puedes escribir artículos, hacer videos o realizar publicaciones sobre temas relacionados con tu obra para mantener la conversación activa y atraer nuevos lectores.

o   Ejemplo Práctico: Supón que tu libro es sobre productividad. Podrías crear publicaciones de redes sociales con consejos semanales, videos cortos o artículos que profundicen en técnicas y herramientas de productividad.

EXPANSIÓN DE MARCA

Tu libro es más que una obra publicada; es la base de una marca personal que puedes expandir en otras direcciones. A continuación, te muestro cómo usar tu libro como un trampolín para desarrollar otros productos y servicios:

1.   **Cursos en Línea:**
o   Crear un curso en línea basado en el contenido de tu libro es una excelente manera de ofrecer un aprendizaje más profundo y práctico. Plataformas como Udemy o Teachable te permiten crear y vender cursos fácilmente.

o   Consejo Práctico: Identifica los temas clave de tu libro que puedan desarrollarse en lecciones interactivas y actividades prácticas. Al promocionar el curso, menciona que es una extensión del contenido del libro para captar la atención de quienes ya lo leyeron.

2.   **Webinars y Talleres:**
o   Los webinars y talleres son una buena oportunidad para conectar en vivo con tu audiencia, responder preguntas y ofrecer una experiencia más personalizada. Además, puedes cobrar por la participación y así generar ingresos adicionales.

o   Consejo: Organiza talleres temáticos que se enfoquen en aspectos específicos de tu libro. Por ejemplo, si has escrito sobre gestión de tiempo, un taller práctico sobre planificación semanal puede ser de gran valor para tus lectores.

3.   **Consultoría y Asesoría Personalizada:**
o   Si tu libro aborda temas prácticos como negocios, desarrollo personal o habilidades específicas, puedes ofrecer

servicios de consultoría o asesoría personalizada. Esto permite a los lectores profundizar en el contenido contigo como guía.

o   Consejo: Ofrece una sesión introductoria gratuita o descuentos para tus primeros clientes, quienes probablemente sean lectores interesados en llevar el contenido de tu libro a la práctica.

Ejemplo de Expansión de Marca: Imagina que has escrito un libro sobre liderazgo. Puedes crear un curso en línea que enseñe habilidades de liderazgo específicas y ofrecer sesiones de coaching grupal. Esta expansión permite que tu libro sea solo el comienzo de una experiencia transformadora para tus lectores.

EVALUACIÓN DE TU SIGUIENTE PROYECTO:

Con el éxito de tu primer libro y la experiencia adquirida, es natural que comiences a pensar en tu siguiente proyecto. Evaluar tus conocimientos y reflexionar sobre el impacto de tu obra puede ayudarte a definir un segundo libro o explorar nuevos formatos.

1.   **Reflexiona Sobre el Proceso y los Aprendizajes:**

o   Dedica un tiempo a evaluar el proceso de creación y publicación de tu libro. Considera qué funcionó bien y qué podrías mejorar. Estos aprendizajes te ayudarán a planificar tu siguiente proyecto de manera más eficaz.

o   Consejo Práctico: Haz una lista de los aspectos que consideras exitosos y de los que quieres mejorar. Esta reflexión te permitirá abordar tu siguiente libro con una perspectiva más madura y segura.

2.   **Analiza los Temas que Resuenan con tu Audiencia:**

o   Los comentarios y las preguntas de tus lectores pueden darte pistas sobre los temas que más les interesan. Usa esta información para decidir si deseas profundizar en esos temas en tu próximo libro.

o   Consejo: Revisa los mensajes, comentarios o correos electrónicos que has recibido de tus lectores. Si observas un patrón de interés en ciertos temas, considera escribir un libro que aborde esas inquietudes en profundidad.

3.   **Explora Nuevos Formatos:**

o   Tu próximo proyecto no tiene que ser necesariamente otro libro. También puedes explorar formatos diferentes, como un audiolibro, una serie de artículos extensos o incluso una novela si deseas experimentar con la ficción.

o   Consejo: Piensa en el formato que mejor se adapta a tus ideas actuales. Si deseas ofrecer una experiencia más inmersiva, el audiolibro puede ser ideal. Si quieres una serie de publicaciones más extensas, un blog o una newsletter pueden ser opciones interesantes.

Ejemplo de Evaluación para un Segundo Proyecto: Supón que escribiste un libro sobre desarrollo personal y recibes comentarios de lectores interesados en saber más sobre la superación de miedos. Podrías escribir un segundo libro enfocado específicamente en este tema, basándote en la respuesta de tus seguidores y en tus propios aprendizajes.

RESUMEN

Publicar un libro es solo el inicio de un viaje lleno de oportunidades. Con una estrategia a largo plazo, una expansión de marca y una reflexión constante sobre tus aprendizajes, puedes asegurarte de que tu obra tenga un impacto duradero. Este capítulo te ha dado las herramientas para aprovechar tu libro como la base de una carrera que continúa creciendo y evolucionando, brindándote nuevas maneras de conectar con tu audiencia y llevar tu mensaje aún más lejos.

Al mantener tu obra vigente, expandir tu presencia a través de nuevos productos y servicios, y planificar tu próximo proyecto, estás construyendo un camino sólido para que tu voz se escuche y tu impacto continúe. ¡Este es solo el principio de una historia que aún tiene mucho por contar!

CONSEJOS ADICIONALES PARA EL ÉXITO

"Escribir y publicar un libro es un logro increíble, pero también es el inicio de una experiencia de aprendizaje y crecimiento constante. En cada página, has descubierto nuevas ideas y herramientas. Ahora es tu turno de tomar acción, de llevar lo aprendido al siguiente nivel y de ver cómo tu propio libro comienza a cobrar vida."

Esta sección final está diseñada para proporcionarte recursos prácticos que facilitarán tu camino y te inspirarán a continuar. Encontrarás una plantilla de estructura de un libro, y una lista de herramientas para creación y edición con AI.

RECURSOS ADICIONALES:

PLANTILLA DE ESTRUCTURA DE UN LIBRO

Aquí tienes una Plantilla de Estructura de Libro que puedes usar para organizar las ideas, definir los capítulos y planificar el flujo de tu contenido. Esta plantilla te guiará paso a paso para estructurar cada sección de tu libro de manera coherente y atractiva.

1. Título del Libro

- Título Provisional: _____
- Subtítulo (opcional): _____

2. Resumen General del Libro

- Propósito del Libro:
  - ¿Cuál es el objetivo principal? (Por ejemplo: enseñar, inspirar, informar, etc.)
- Público Objetivo:
  - Describe a tu lector ideal. ¿Qué necesidades o intereses específicos tiene?
- Mensaje Central:
  - ¿Cuál es el mensaje clave que deseas que el lector recuerde al terminar el libro?

3. Estructura de Capítulos

Sugerencia: Planifica un esquema claro para cada capítulo, asegurándote de que el contenido siga un flujo lógico y que cada capítulo contribuya al objetivo general del libro.

Capítulo 1: [Título del Capítulo]

- Objetivo del Capítulo:
o ¿Qué deseas que el lector aprenda o reflexione en este capítulo?
- Puntos Principales:
o Punto 1: _____
o Punto 2: _____
o Punto 3: _____
- Ejemplos o Anécdotas:
o Describe una historia, ejemplo o anécdota relevante para reforzar el contenido.
- Conclusión o Llamado a la Acción:
o ¿Qué acción o reflexión deseas que el lector tome al finalizar el capítulo?

Capítulo 2: [Título del Capítulo]

- Objetivo del Capítulo:
- Puntos Principales:
o Punto 1: _____
o Punto 2: _____
o Punto 3: _____
- Ejemplos o Anécdotas:
- Conclusión o Llamado a la Acción:

(Repite esta estructura para cada capítulo adicional)

4. Sección de Ejercicios y Recursos Prácticos

- Ejercicio 1 (Capítulo X):
o Describe el ejercicio y su propósito. ¿Cómo ayudará al lector a aplicar lo aprendido?
- Ejercicio 2 (Capítulo X):
- Recursos Adicionales:
o ¿Hay algún recurso, como una lista de herramientas,

enlaces útiles o plantillas, que pueda ayudar al lector en este tema?

5. Conclusión

- Resumen de Ideas Clave:
o   ¿Cuáles son los puntos esenciales que quieres que el lector recuerde?
- Llamado a la Acción Final:
o   ¿Qué deseas que el lector haga después de terminar el libro? (Por ejemplo: aplicar lo aprendido, tomar algún compromiso, o seguir explorando el tema.)

6. Apéndices y Recursos Adicionales

- Apéndice (opcional):
o   Incluye cualquier información adicional, como una guía de términos, listas de verificación o plantillas prácticas que complementen el contenido.
- Lista de Herramientas y Recursos:
o   Herramientas útiles, como aplicaciones, software de edición, sitios web relevantes, etc.

Esta plantilla te ayudará a organizar el contenido y a construir un flujo coherente y atractivo, manteniendo el enfoque en el lector. Dedica tiempo a completar cada sección antes de escribir para asegurarte de que el mensaje y la estructura estén alineados con tu objetivo final. ¡Con esta base, estarás listo para desarrollar un libro que impacte y guíe al lector a través de una experiencia única!

LISTA DE HERRAMIENTAS PARA CREACIÓN Y EDICIÓN CON IA

1. Generación de Ideas y Estructura del Libro

- ChatGPT:
o   Función: Ayuda a generar ideas, organizar la estructura del contenido y responder preguntas sobre temas específicos. Puedes usarlo para hacer lluvia de ideas sobre capítulos, temas o enfoques para tu libro.
o   Consejo: Pídele sugerencias para capítulos y subtítulos. También puedes pedirle ideas sobre cómo desarrollar cada tema de manera lógica y atractiva.
- Jasper:
o   Función: Herramienta de IA para redacción creativa que puede ayudarte a generar ideas de contenido, títulos, y descripciones. Tiene plantillas específicas para autores, lo que facilita la organización de ideas.
o   Consejo: Usa las plantillas de "Brainstorming" o "Frameworks de Contenido" para definir los puntos clave de cada capítulo.
- Notion AI:
o   Función: Asiste en la planificación y estructuración de proyectos grandes como libros. Notion AI ayuda con la

organización de ideas y permite crear bases de datos para gestionar contenido, temas y tareas de escritura.

o   Consejo: Utiliza Notion para organizar cada capítulo en secciones y agregar notas que guíen tu proceso de escritura.

2. Redacción y Creación de Contenido

- Copy.ai:
o   Función: Genera ideas de contenido y texto atractivo a partir de comandos. Es útil para escribir frases llamativas, descripciones de capítulos o subtítulos que enganchen al lector.
o   Consejo: Usa Copy.ai para desarrollar encabezados y oraciones iniciales que capten la atención del lector en cada sección de tu libro.
- Writesonic:
o   Función: Crea contenido a partir de indicaciones específicas. Writesonic tiene opciones para expandir ideas, resumir y generar texto que puede ayudarte a mejorar la claridad de tus mensajes.
o   Consejo: Emplea Writesonic para desarrollar ideas complejas de forma más accesible y para darles un formato claro y estructurado.

3. Edición y Mejora de Estilo

- Grammarly:
o   Función: Revisa gramática, ortografía y estilo, ayudando a mejorar la claridad y la precisión del texto. Incluye sugerencias de estilo que pueden adaptarse al tono deseado, ya sea formal, amigable o informativo.
o   Consejo: Activa la opción de estilo para que te dé sugerencias sobre la coherencia en el tono y ajusta los textos para mantener una voz consistente.
- ProWritingAid:
o   Función: Herramienta de edición avanzada que analiza la estructura del texto y su coherencia. Ofrece recomendaciones para mejorar la gramática, reducir la repetición y mejorar el estilo.

o   Consejo: Usa los informes detallados para analizar la fluidez y claridad de cada capítulo, asegurándote de que cada sección esté alineada con el mensaje general.

● Hemingway Editor:

o   Función: Facilita la claridad y la concisión en el texto. Señala frases complejas y sugerencias para hacer que el contenido sea más accesible.

o   Consejo: Haz una revisión final con Hemingway Editor para simplificar el lenguaje y garantizar que el contenido sea fácil de leer para el lector.

4. Optimización para SEO y Palabras Clave

● Ubersuggest:

o   Función: Ayuda a identificar palabras clave y frases relacionadas que los lectores buscan en línea. Ideal para optimizar la descripción del libro y las palabras clave de Amazon.

o   Consejo: Usa Ubersuggest para identificar términos que aumenten la visibilidad de tu libro en Amazon y en buscadores, haciéndolo más accesible para lectores potenciales.

● Keyword Tool:

o   Función: Genera listas de palabras clave basadas en términos relevantes a tu tema. Útil para descubrir términos que puedes incluir en la descripción y los metadatos del libro.

o   Consejo: Analiza el título, la descripción y las palabras clave con esta herramienta para asegurar que estén optimizados para búsquedas populares.

5. Herramientas de Diseño para Portada y Contenido Visual

● Canva:

o   Función: Plataforma de diseño gráfico que ofrece plantillas de portadas de libros. Puedes personalizar tipografías, colores y añadir elementos gráficos de calidad.

o   Consejo: Usa Canva para diseñar una portada profesional y atractiva, adaptando los colores y la tipografía al tono y contenido de tu libro.

- Book Brush:
o   Función: Herramienta de diseño especializada para autores, que permite crear portadas de libros y material promocional para redes sociales.
o   Consejo: Experimenta con las plantillas para crear una portada completa (portada, lomo y contraportada) que esté lista para publicación en plataformas como Amazon KDP.

6. Herramientas de Revisión Final y Previsualización

- Kindle Previewer:
o   Función: Herramienta de Amazon para previsualizar el formato y apariencia del libro en diferentes dispositivos Kindle.
o   Consejo: Utiliza Kindle Previewer para asegurarte de que el formato de tu libro se vea profesional y esté alineado correctamente antes de publicarlo.
- Adobe Acrobat Reader (para PDFs):
o   Función: Visualiza y revisa archivos PDF para ediciones en papel. Puedes revisar la configuración de márgenes, la numeración de páginas y el aspecto general del libro.
o   Consejo: Haz una última revisión de la versión en PDF antes de subirlo para publicación en papel, verificando que los márgenes, encabezados y números de página estén en su lugar.

CONSEJO FINAL

Estas herramientas de IA y diseño te proporcionarán un gran apoyo en cada etapa del proceso, desde la creación de ideas hasta la edición y publicación. Experimenta con cada una para descubrir cuál se adapta mejor a tu estilo y necesidades. Con estas herramientas a tu disposición, podrás mantener un flujo de trabajo eficiente y lograr un libro de alta calidad, optimizado para cautivar a tu audiencia.

www.ingramcontent.com/pod-product-compliance
Lightning Source LLC
Chambersburg PA
CBHW070112230526
45472CB00004B/1231